Der Rassismus und seine wissenschaftlichen Wurzeln bei Immanuel Kant

DANK

Besonders bedanken möchte ich mich bei meiner Frau, die es mir ermöglichte das Studium der Philosophie im fortgeschrittenen Alter zu ermöglichen. Ihre Geduld, ihr Verständnis, ihr wacher, scharfsinniger Geist und vor allem ihre Liebe waren mir ein Quell der Inspiration und der Motivation auch in schwierigen Zeiten weiterzumachen.

Auch meine Studienfreude, Gerhard Marcus BA und Anton Kitzmüller BA, möchte ich erwähnen, da sie es immer wieder verstanden, mich so anzuspornen, um noch tiefer in die Materie einzutauchen. Auch ihre Freundschaft, beschert mir noch heute anregende und schöne Stunden.

Univ. Prof. Dr. Kurt Zeidler und Univ. Prof. Dr. Gerhard Gotz gilt mein Dank, weil sie mir die Lehren Immanuel Kants intensiv und verständlich aufbereiteten, um sie weiterzugeben. Einen speziellen Dank verdient Univ. Prof. i. R. Dr. Alfred Pfabigan, der mich bei der vorliegenden Master-Arbeit unterstützte und auch den Mut förderte, bei Wiederständen zu diesem Thema, nicht aufzugeben und darüberhinaus, nach Fertigstellung des Manuskripts, mir empfahl sie zu veröffentlichen. Außerdem verstand er es immer wieder, neue Betrachtungsweisen in mir zu wecken, um nicht einseitig, polemisch oder tendenziös zu werden.

Andreas Leutgöb BA MA

Der Rassismus und seine wissenschaftlichen Wurzeln bei Immanuel Kant

Eine Zeitreise in die Epoche der Aufklärung und seiner Rassismusdebatte

Bibliografische Information der Deutschen Nationalbibliothek: Die Deutsche Nationalbibliothek verzeichnet diese Publikation in der Deutschen Nationalbibliografie; detaillierte bibliografische Daten sind im Internet über http://dnb.dnb.de abrufbar.

© 2015 Andreas Leutgöb

Herstellung und Verlag: BoD – Books on Demand, Norderstedt

ISBN: 978-3-7392-1279-1

Inhaltsverzeichnis

DANK   2

EINLEITUNG   9

1. IMMANUEL KANTS LEBEN UND WERK   13

1.1. Kants Leben   13

1.2. Kants Werke   17
    1.2.1 Die philosophischen Hauptwerke Kants   17
    1.2.2 Kants naturphilosophische Werke   19
    1.2.3 Kants Rezeption der anthropologischen Schriften   22

2. KANTS WIDERSPRUCH ZWISCHEN MORAL, RECHT UND ANTHROPOLOGIE?   25

2.1. Kants praktische Philosophie   25

2.2. Kants politische Philosophie   27

2.3. Kants anthropologische Gesinnung   30

2.4. Kant als Erfinder der Rasse?   31

3. KANTS THEORIE DER RASSE   38

3.1. Frühe anthropologische Überlegungen   39

3.2. Die Temperamentenlehre   50

3.3. Hintergründe zur Rassentheorie   62

3.4. Zentrale Themen der Rassentheorie   65

3.4.1 Gründe für die Entstehung der Rasse — 74

3.5. Der Streit um den Rassenbegriff und ihre Protagonisten — 80
3.5.1 Johann Friedrich Blumenbach — 81
3.5.2 Johann Daniel Metzger — 87
3.5.3 Georg Forster — 88

3.6 Der teleologische Hintergrund der Rassentheorie — 92
3.6.1 Teleologie in Bezug zur Rasse und Varietät — 95
3.6.2 Physische Geografie und Anthropologie als Bestimmungsgrund des menschlichen Schicksals — 100

4. DEUTUNGEN DER KANTISCHEN RASSENTHEORIE — 105

4.1. Menschenrechte und Staat — 105

4.2. Kants vorkritische Phase als Entschuldigung? — 115

4.3. Bernasconi's Konsistenzprobleme von Moral und Rasse — 118

4.4. Racial Liberalism von Charles Mills — 121

4.5. Kleingeld's Kosmopolitismus und die Aufhebung der Rassenunterschiede — 129

4.6. Larrimore's Schicksal des Menschen — 134

5. JUDEN, ZEITGEIST UND DIE FOLGEN — 139

5.1. Kants Antijudaismus und Antisemitismus — 140

5.2. Kant ein Opfer des Zeitgeistes? — 142

5.3. Kants Folgen der Rasse für die Neuzeit — 149

6. SCHLUSS — 153

AUSBLICK ZUR LÖSUNG DER VERNUNFTPROBLEMATIK   **156**

ANHANG   **160**

Literaturverzeichnis   **160**
   Siglen Immanuel Kant   160
   Andere Autoren   161

Abstract   **168**

Einleitung

Immanuel Kant gilt als einer der wichtigsten Philosophen der Neuzeit, der vor allem mit seiner Erkenntnistheorie und der damit einhergehenden Zerschlagung der Metaphysik, im 18. Jahrhundert, für Furore sorgte. Seine Theorie war neuzeitlich, modern und außergewöhnlich ausgefeilt. Die Theorie der Urteilskraft wurde und wird immer noch vielbeachtet, weil sie eine Ästhetik formulierte, die so noch nicht gedacht wurde. Seine Moralphilosophie galt lange als herausragend, obwohl er die Metaphysik durch die Hintertür wieder einführte. Ihre Schlussfolgerungen beeinflussten, nach deutschen Philosophen, das Grundgesetz Deutschlands und die UNO-Charta.

Aber Kant war tatsächlich vielmehr ein Philosoph, der sich immer der Naturmetaphysik verbunden fühlte, die durch einen Intellectus Archetypus und dem Reich der Zwecke verbürgt waren. Seine Moralphilosophie, ebenso seine politische Philosophie, sollte die Menschheit zur Vollkommenheit führen, die aus seiner Sicht in der Abwehr der Neigungen und der Favorisierung der Vernunft lag. Dabei unterlag Kant selbst einer der größten Begierden; nämlich der Triebfeder des Wissens. Sie trieb ihn an, in alle Bereiche der Erkenntnis vorzustoßen und auch Wege zu beschreiten, die nicht empirisch gesichert waren, sondern durch Hörensagen und Vermutungen überliefert wurden. Dies trifft im Besonderen für Kants anthropologische Schriften zu, die uns einen Philosophen präsentieren, der uns außerordentlich verstört. Wir dürfen aber nicht den Fehler machen, aus unserer heutigen Perspektive zu urteilen, denn das Wissen zu jener Zeit war noch sehr unvollständig und auch allen anderen Denkern unterliefen Fehlschlüsse, aufgrund mangelnder empirischer Daten. So war zu jener Zeit der Großteil der Naturforscher der Meinung, dass es unterschiedliche Rassen gab, die sich intellektuell und moralisch unterschieden. Dies war jedoch keine Erscheinung, die nur das 18. Jahrhundert betraf, sondern wurde durch die Renaissance vorbereitet, welche das antike Schönheitsideal überhöhte und im Anschluss daran, sich die Meinung durchsetzte, dass man das Innere des Menschen durch das Äußere erkennen könne.

Kant wird besonders im deutschen Sprachraum, vor allem mit der Moralphilosophie, Erkenntnistheorie und der Ästhetik in Verbindung gebracht. Diese Schriften werden ausführlich rezipiert, wogegen Kants anthropologische Schriften unterschlagen werden. Werden Sie erwähnt, so stuft man diese bestenfalls als unwichtig und strukturierend ein oder behauptet, sie würden keinen Einfluss auf seine Moralphilosophie haben. Dies macht es notwendig, auf eine Vielzahl von Sekundärliteraturen zurückzugreifen, die sich dieser Kantrezeption, aus guten Gründen, entgegenstellt. Aber selbst diese Literatur ist nicht einheitlich, da die Aussagen Kants dermaßen stark von seinen moral- und rechtsphilosophischen Ansichten abweichen, dass dadurch eine einheitliche Interpretation kaum möglich scheint. Entweder hat Kant bewusst farbige Menschen als Unterpersonen diskreditiert und seine Moralphilosophie ist nur gedacht für die weiße Bevölkerung Nordeuropas oder er plappert nur unreflektiert Vorurteile seiner Zeit nach. Diese Einschätzung ist allerdings gegen den philosophischen Mainstream gerichtet und daher ist es unumgänglich, Kants entwürdigende Aussagen zu zitieren und die Hintergründe aus vielerlei Blickwinkeln zu betrachten.

Am Beginn der Arbeit werde ich mich mit Kant, seinem Leben und seinen wichtigsten Werken nur insoweit beschäftigen, als sie zur gesamten Arbeit erhellend beitragen, bzw. auch um dem Phänomen Kant Rechnung zu tragen.

Der zweite Teil beschäftigt sich mit Kants scheinbar antagonistischer Einstellung, die sich aus seiner praktischen, politischen und anthropologischen

Gesinnung ergibt. Außerdem zeigt sich, dass Kant der Erste war, der eine wissenschaftliche Rassentheorie vortrug, obwohl das im deutschen Sprachraum gerne unterschlagen oder sogar zurückgewiesen wird, gestützt auf die Aussagen von Philosophen, Kulturanthropologen und Pädagogen.

Der zentrale Teil dieser Arbeit beschäftigt sich mit den insgesamt sechs Schriften, die Kant verfertigte zum Thema der Rasse. Er las von 1755/56 bis 1797 die Vorlesungen mit Namen „Physische Geographie", die er 1772 aufteilt in einen geographischen und anthropologischen Teil. Kant geht von einer Stammrasse aus, die nicht mehr existiert und von der die weiße Rasse, von brünetter Farbe, die Vorzüglichste ist. Im Anschluss daran, die Reihenfolge ändert sich, schlossen sich die Amerikaner (amerikanische Ureinwohner) mit ihrer kupferroten Farbe an, gefolgt von den Schwarzen und zuletzt die mit ihrer olivgelben Farbe. Die Unterscheidung der Rasse wird durch die Hautfarbe, das Temperament und die Körperflüssigkeiten angezeigt, hervorgebracht durch die Keime, ausgebildet aufgrund der Fürsorge der Natur, wonach die Farbe zur schnellen Unterscheidung dient. Die drei Merkmale äußern sich sowohl intellektuell als auch moralisch, wobei der Charakter durch die Hautfarbe sofort erkennbar ist. Kant greift bei manchen Erklärungen auch auf antike Vorstellungen zurück, wie die Temperamentenlehre, die aus der Elementarlehre der Vorsokratiker entspringt. In welch starkem wissenschaftlichen Kontext, seine Abhandlungen eingebettet sind zeigen auch die Kontroversen und Briefwechsel, die Kant mit einigen berühmten Protagonisten seiner Zeit führt.

Die Theorie der Rasse darf aber nicht losgelöst betrachtet werden, sondern sie ist vor dem Hintergrund seines teleologischen Verständnisses zu betrachten. Die verschiedenen Rassen dienen letztlich dazu, die Menschheit insgesamt zu vervollkommnen, dass dabei die zukünftige Menschheit nur von weißer Hautfarbe ist, erscheint aus heutiger Sicht weniger ansprechend.

Der vierte Teil dieser Arbeit ist den Deutungen der Rassentheorie gewidmet, die fast ausnahmslos von einer teleologischen Ausrichtung ausgehen. Aber auch hier gibt es unterschiedliche Lösungsansätze, in denen einerseits, die Moralphilosophie mit der Anthropologie als unvereinbar erscheint und andererseits, sie durchaus als kohärent einzustufen ist.

Hauptsächlich werden hier Philosophen des angelsächsischen Raumes zu Wort kommen, da vor allem hier Kritik an Kant laut wird. Aber auch im deutschen Sprachraum mehren sich die Stimmen, die Anstoß nehmen, Kant als Säulenheiligen zu betrachten. Nicht beschäftigt habe ich mich mit Autoren, die es ablehnen, die Theorie der Rasse als unwichtig einzustufen, da die Aussagen Kants, zur Teleologie, eindeutig eine andere Sichtweise darlegen. Würde man nämlich Kants naturmetaphysische Ansprüche ernst nehmen, so ergibt sich durchaus ein kohärentes Bild, das sich zu einem Ganzen fügen wird.

Das letzte Kapitel beschäftigt sich noch kurz mit einigen offenen Fragen, die aufgrund der eingeschränkten Platzverhältnisse dieser Arbeit, hier zu kurz kamen. Das Problem des Judentums und die Ablehnung durch Kant, die auch bei Kant nicht rassisch begründet wird und das Problem der Deutung, ob Kant nun ein Rassist war oder nicht.

Ausdrücklich distanzieren möchte ich mich von jeglicher Polemik, die in dieser Schrift, manchmal aus Gründen der Zitationsgenauigkeit, auftritt. Es geht mir darum, die Stimmen der Protagonisten, so genau als möglich, wiederzugeben, um auch auf das gefährliche Potential, das in Kants Werken schlummert, hinzuweisen. Der Begriff der Vernunft ist bei ihm nämlich zweideutig: Einerseits wird er als a priorische Bedingung der menschlichen Natur gedeutet, andererseits ist er die Voraussetzung menschlicher Moralfähigkeit. Das Problem ist, und das zieht sich durch die gesamte Anthropologie Kants und damit dieser Schrift, den farbigen Rassen fehlt es an

Vernunft, wobei ich mich hier ausdrücklich gegen Kant stelle. Eine Auflösung dieses Konfliktes ist jedoch nicht in Sicht.

Kenner der Materie Kants, die sich nur für den Rassismus-Vorwurf interessieren, können ruhigen Gewissens das erste Kapitel übergehen, da es sich hier um grundsätzliche Daten zu Kants Leben und seinen Werken handelt.

1. Immanuel Kants Leben und Werk

Immanuel Kant richtet sein Leben auf die Wissenschaft aus, in der er Großes vollbringen will. Heinrich Heine verführt das zur polemischen Aussage: „ ... *Er hatte weder Leben noch Geschichte.*"[1] Abseits des Strebens nach Wissen gibt es tatsächlich kaum interessante Wegpunkte in Kants Leben. Da es sich hier nicht um eine Biografie handelt, werden nur die prägnantesten Aspekte von Kants Leben beleuchtet.

1.1. Kants Leben

Immanuel Kant wird am 22. April 1724 in Königsberg, als Viertes von elf Kindern geboren, und verstirbt ebenso dort am 12. Februar 1804 mit den letzten Worten „Es ist gut"[2]. Sein Vater ist Riemermeister und nicht Sattlermeister wie Ernst Borowski noch überliefert. Vermutlich kommt es zur Fehlüberlieferung, weil Cant, die Vorfahren stammen aus Schottland, in der Sattlergasse wohnt. Seine Mutter tauft den Jungen auf Emanuel, aus dem

---

1 Heinrich Heine: *Zur Geschichte der Religion und Philosophie in Deutschland.* Stuttgart 1997. 94.

2 E. A. Ch. Wasianski: *Immanuel Kant in seinen letzten Lebensjahren.* Darmstadt 2012, 267.

Immanuel (hebr.: mit uns ist Gott) abgeleitet wird. Die Gründe für die Namensabänderung sind unbekannt. Der Name ist auch ein Zeichen für die besonders fromme Familienauffassung der Eltern, die pietistischen Kreisen zugehören. „Der Vater forderte Arbeit und Ehrlichkeit, besonders Vermeidung jeder Lüge; - die Mutter auch noch die Heiligkeit dazu."[3] Immanuel Kant verwendet das „K" in seinem Namen früh und wird sowohl zu Hause als auch in der Schule pietistisch erzogen. Die Verhältnisse in denen der junge Immanuel aufwächst sind bescheiden, wenn nicht gar ärmlich.

Die Verbindung zu den Eltern ist respektvoll, wobei er die Mutter besonders liebt, die er bereits im Alter von 13 Jahren verliert, den Vater begräbt er mit 22; zu seinen Geschwistern hat er ein eher distanziertes Verhältnis. Mit einer seiner Schwestern spricht er 25 Jahre lang nichts, obwohl sie am gleichen Ort wohnt und dennoch unterstützt er auch seine Familie finanziell, so gut es ihm als Bediensteten des Reichs möglich ist.[4] Er selbst bleibt unverheiratet.

Kant beginnt 1732 seine Ausbildung am Fridericianum, einer pietistische Gelehrtenschule, die vor allem von Religionsstunden und Gottesdiensten dominiert wird und offensichtlich dazu beiträgt, dass er die kirchlichen Institutionen abzulehnen beginnt. 1740 immatrikuliert er an der Universität in Königsberg. Kant fühlt sich besonders von Prof. M. Knutzen intellektuell angezogen, von dem er das vorkritische, naturphilosophische und metaphysische Programm übernimmt.[5]

Nach seiner Promovierung und Habilitierung 1755 arbeitet Kant als erfolgreicher Privatdozent und anerkannter philosophischer Autor, bis er 1765

---

[3] Ludwig Ernst Borowski: *Darstellung des Lebens und Charakters Immanuel Kants.* Darmstadt 2012, 11.
[4] Reinhold Bernhard Jachmann: *Immanuel Kant geschildert in Briefen an einen Freund.* Darmstadt 2012, 144.
[5] Gerd Irrlitz: *Kant-Handbuch.* Stuttgart 2010, 7.

die Stelle als Subbibliothekar erhält, mit 62 Talern Jahresgehalt. 1770 spricht man Kant das Ordinariat für Logik und Metaphysik zu, indes er zuvor Rufe von Jena und Erlangen, 1769, ablehnt. Er liest vor allem neben seiner Berufung naturwissenschaftliche Fächer, Mathematik, Ethik, Pädagogik, Naturrecht und Theologie. Besonders erfolgreich sind seine Vorlesungen über „Physische Geographie" und „Anthropologie", die er ab 1755/56 hält, unter anderem auch, weil er unterhaltsam vorzutragen vermag. Dies mag auch daran liegen, dass er selbst ein großes Interesse an dieser Thematik hat, wie Jachmann überliefert: „Am meisten aber studierte er die Schriften, welche uns mit der Erde und ihren Bewohnern bekannt machen, und es ist gewiß keine Reisebeschreibung vorhanden, welche Kant nicht gelesen und in sein Gedächtnis aufgefaßt haben sollte."[6] So sehr Kant also die Reiseliteratur liebt, so wenig findet er selbst daran Gefallen, zu verreisen. Nach Angaben des Biografen Jachmann hat er Königsberg nie verlassen, obwohl das nicht ganz gesichert ist. Jachmann beurteilt das nicht als Mangel, da er meint, Kant hätte hier Menschen aus allen Ständen und in den verschiedensten Lebenssituationen kennengelernt. Zu bemerken ist jedoch, dass Königsberg als zweitgrößte Stadt Preußens, geografisch etwas abseits der Weltpolitik liegt und zur Zeit Kants 55.000 Einwohner umfasst. Zwar ist sie Regierungssitz und eine bedeutende Handelsstadt, aber die Hauptstadt Berlin wird während dieser Zeit von ca. 150.000 Menschen bewohnt. Königsberg wird von drei Bevölkerungsschichten gekennzeichnet: das bevorzugte Militär, freies Bürgertum, aufgeteilt in Großbürgertum und Handwerkerzünften und die hohe Beamtenschaft, die aus Gelehrten, Verlegern und lutherischen Theologen bestand.[7]

---

6   Reinhold Bernhard Jachmann: *Immanuel Kant geschildert in Briefen an einen Freund.* Darmstadt 2012, 122.
7   Gerd Irrlitz: *Kant-Handbuch.* Stuttgart 2010, 1.

Da Kant sein Leben der Wissenschaft verschreibt, ordnet er dieses dem Streben nach Erkenntnis unter. Aber es gibt ein Ideal außerhalb seiner Forschungen, welches ihm wichtig ist; das der Freundschaft. Wenn es auch nicht erreichbar ist, so sollte ein Maximum der guten Gesinnung erzielt werden (MS 06, 469). Der innigste Freund ist der englische Kaufmann Green, den Kant bei einem Spaziergang im „Dänhofschen Garten" kennenlernt. Als dieser 1786 verstirbt, verzichtet Kant auf Abendgesellschaften und gemeinsame Abendessen bis zu seinem Tod. Er steht um 5 Uhr auf, arbeitet bis zu den Vorlesungen, die um 7 oder 8 Uhr beginnen, und um 13 Uhr begibt er sich zum Mittagstisch mit einigen Freunden, darunter sich Bankdirektoren, Schriftsteller, Ärzte, Juristen, Theologen und Handelsleute befinden. Er ist hochgeschätzt, weil er ein „ … warmer, herzlicher, teilnehmender Freund …"[8] ist. Nach dem Essen steht ein Spaziergang von einer Stunde an. Im Anschluss arbeitet er bis 10 Uhr abends, worauf er zu Bett geht. So verläuft fast jeder Tag Kants.

Kants Schaffenskraft beginnt, ab Mitte der 1780er Jahre, abzunehmen. Schon von Geburt an ist Kant schwächlich und er neigt auch zeitlebens zur Hypochondrie und Melancholie. Sein elegischer Zustand wird aber heute der weltlichen Unordnung des 18. Jahrhunderts zugeschrieben.[9] Er beklagt erstmals, Anfang der 1790er Jahre, eine Abnahme seiner Leistungsfähigkeit, woraufhin er seine Vortragsstunden reduziert. 1798 beginnt auch sein Geist nachzulassen, bis er in den letzten Jahren an seniler Demenz leidet. Am 12. Februar 1804 verstirbt er im Beisein seines Freundes Wasianski, seiner Schwester und einiger Anderer.[10]

---

8   Reinhold Bernhard Jachmann: *Immanuel Kant geschildert in Briefen an einen Freund.* Darmstadt 2012, 138.

9   Manfred Geier: *Kants Welt.* Reinbek 2004. 7.

10   Gerd Irrlitz: *Kant-Handbuch.* Stuttgart 2010, 9.

1.2. Kants Werke

Immanuel Kant gehört mit Nietzsche zu den meistzitierten Philosophen der Neuzeit. Besonders berühmt ist er wegen seiner drei großen Kritiken: *„Kritik der reinen Vernunft"* 1781, *„Kritik der praktischen Vernunft"* 1788 und der *„Kritik der Urteilskraft"* von 1790. Seine Leistungen, die Erkenntnistheorie betreffend, sind herausragend, die Dekonstruktion der Metaphysik erschüttert das 18. Jahrhundert, seine Moralphilosophie versöhnt die Welt wieder mit ihm und mit Gott und seine *„Kritik der Urteilskraft"*, begründet eine neue Ästhetik, welche das Schöne und Erhabene präzisiert.

1.2.1 Die philosophischen Hauptwerke Kants

Kant gilt als ein „ ... Titan der Geisteswelt"[11], wie Manfred Geier in der Kurzbeschreibung feststellt. „Er will Rationalismus und Empirismus überwinden, Denken und Erfahrung, Verstand und sinnliche Anschauung zur Einheit bringen."[12]

In der *„Kritik der reinen Vernunft"* (1. Ausgabe 1781, 2. Ausgabe 1788) wird die Erkenntnis auf mögliche Erfahrung und bloßen Schein begrenzt und sämtliche Schlussfolgerungen über Seele, Welt und Gott, wären dann Ideen aber reine Spekulation. Metaphysik als Wissenschaft ist damit unmöglich. Diese Schrift wird folglich zum Wendepunkt der philosophischen Geschichte und eines der, bis in die Gegenwart am meisten zitierten, Werke, besonders bei Denkern, die der Subjektivität und der Vernunft das Primat zugestehen möchten.

---

11   Manfred Geier: *Kants Welt*. Reinbek 2004, Kurzbeschreibung.

12   Emerich Coreth, Harald Schöndorf: *Philosophie des 18. und 19. Jahrhunderts*. Stuttgart 2008, 196.

Mit der „*Kritik der praktischen Vernunft*" (1785) versucht er nun die Metaphysik, die erkenntnistheoretisch nicht begründet werden kann, durch die Postulate Seele, Welt und Gott zu fundieren. Wenn sie auch nicht begründet werden können, so dürfen wir sie annehmen. Sittliches Sollen und Handeln können daher nur durch die praktische Vernunft begründet werden. Ihre Gesetze sollen allgemeingültig sein und aus apriorischer Vernunft hergeleitet werden. Voraussetzung ist dabei, die Selbstgesetzgebung eines autonomen Willens. Die Allgemeingültigkeit einer Ethik kann aber nicht empirisch, sondern nur formal hergestellt werden. Universalisierbar wird die Moralphilosophie durch den kategorischen Imperativ. Sie muss aber auch materiell werden, durch das sittliche Handeln, sonst würde die Ethik nur in der theoretischen Betrachtung verbleiben. Der formale Charakter der kantischen Ethik wird als „Pflichtenethik" verstanden, die aber als autonom, als von der eigenen Vernunft verordnete Pflicht einzuschätzen ist und nicht als heteronome Pflicht verstanden werden darf. Die Gesetze, die sich aus dem formalen Charakter ergeben, erschließen nun die Postulate der praktischen Vernunft, die in der „*Kritik der reinen Vernunft*" als Vernunftideen bezeichnet werden. Kants Moral und auch sein Glaube werden zum Vernunftglauben, ohne den Sittlichkeit begründungslos bleibt.

1790 legt Kant die „*Kritik der Urteilskraft*" vor. Nachdem er die theoretische Vernunft und die praktische Vernunft demonstriert hat, wird ihm klar, dass die Brückenkonstruktion, die beide Vernunftvermögen verbinden soll, fehlt. Es ist die Verbindung „zwischen dem notwendigen Naturmenschen der Erscheinungswelt und der Freiheit sittlichen Handelns in der übersinnlichen Welt ..."[13], also der Vermittlung von Vernunft und Verstand. Die Urteilskraft ist das Vermögen, das Besondere das im Allgemeinen enthalten ist, zu denken.

13　　Emerich Coreth, Harald Schöndorf: *Philosophie des 18. und 19. Jahrhunderts.* Stuttgart 2008, 213.

Sie wird unterteilt in die ästhetische und die teleologische Urteilskraft. Einerseits begründet Kant damit eine ästhetische Theorie, die wiederum nur durch die Vernunft reflexiv erkannt werden kann und andererseits versucht er eine naturmetaphysische Begründung zu liefern, die Welt als gesetzmäßig zu denken, wenn wir das auch nicht beweisen können. Die Urteilskraft ist vor allem wegen der Theorie des Schönen und Erhabenen ein immer noch hochgeschätztes Werk.

Die Ethik Kants hat ungeheuren Einfluss auf die Geistesgeschichte bis ins 20. Jahrhundert hinein. Wenn sie zwar spekulativer Natur ist, so prägt sie, gerade durch ihre christliche Basis, seit über 200 Jahren das Denken der Philosophen. Auch der Einfluss der praktischen Schriften Kants, zu denen auch die „*Grundlegung zur Metaphysik der Sitten*" gehört, ist 230 Jahre später immer noch stark spürbar.

1.2.2 Kants naturphilosophische Werke

Kant ist vom Anfang bis zum Ende primär Naturphilosoph. Dies wird besonders deutlich in seinen Werken und die nachfolgenden Überlegungen unterstreichen das. Robert Bernasconi macht deutlich, dass Kant die Teleologie bemüht, um rein mechanistische Naturkonzepte abzuwehren.[14] Folgende Aussage von Kant zeigt das nachdrücklich: „Diese Fürsorge der Natur, ihr Geschöpf durch versteckte innere Vorkehrungen auf allerlei künftige Umstände auszurüsten, damit es sich erhalte und der Verschiedenheit des Klima oder des Bodens angemessen sei, ist bewundernswürdig …" (VvRM 02, 434-16). Vor diesem Hintergrund ist auch zu erklären, warum Kant eine besondere Affinität zur physischen Geographie

---

14 Robert Bernasconi: *Who invented the concept of Race?* New York 2009, 92.

und zur Anthropologie hat. Ihn interessiert in erster Linie eine Metaphysik der Natur, die er aber nicht mehr vervollständigen konnte.

Viel zu wenig werden aber die naturphilosophischen Werke Kants beachtet, nicht nur deshalb, weil die wissenschaftlichen Erkenntnisse mittlerweile als veraltet zu betrachten sind, sondern auch weil sie Unbehagen bereiten. So lautete seine erste Schrift 1747 *„Die Gedanken von der wahren Schätzung der lebendigen Schätze"*, die sich mit dem Streit zwischen Descartes und Leibniz auseinandersetzt. 1755 schreibt er die *„Allgemeine Naturgeschichte und Theorie des Himmels"*, die sich mit der Gravitationstheorie von Newton beschäftigt. Das große Erdbeben von Lissabon, aus dem Jahre 1755 veranlasst ihn, *„Von den Ursachen der Erderschütterungen bei Gelegenheit des Unglück, welches die westlichen Länder von Europa gegen das Ende des vorigen Jahres betroffen hat"*, 1756, zu veröffentlichen. Im Anschluss an diese naturphilosophischen Thesen beschäftigt sich Kant nun mit der Frage, wie Metaphysik als Wissenschaft möglich ist, was ihn zeitlebens umtreiben wird. 1765 erscheint *„Beobachtungen über das Gefühl des Schönen und Erhabenen"*. Sie ist eine Vorarbeit zur Moralphilosophie und zur Kritik der theologischen Urteilskraft. Aber er beginnt sich auch mit der Geschlechterfolge zu beschäftigen und verwendet erstmals den Begriff „Race" (GSE 02, 237-36). Diese Arbeit ist jedoch noch keine systematische Rassenschrift. Die legt er erst 1775 vor, als Ankündigung für seine bevorstehenden Vorlesungsreihen der *„Physischen Geografie"* und zwar unter dem Titel *„Von den verschiedenen Racen der Menschen"*. Mark Larrimore ist der Ansicht, Kant glaubt, ein Gesetz der menschlichen Abstammung entdeckt zu haben und die physische Geographie, als Wissenschaft etablieren zu können.[15] Reinhard Brandt verweist ebenso auf die wissenschaftlichen

---

15 Mark Larrimore: *Antinomies of race.* Volume 42, Iss. 4-5, 2008, 343.

Ambitionen Kants[16], wie sich in einem Brief von ihm an Marcus Herz, aus dem Jahre 1773, zeigt: „Ich lese in diesem Winter zum zweyten mal ein collegium privatum der Anthropologie welches ich jetzt zu einer ordentlichen academischen disciplin zu machen gedenke" (Br 10, 145-27). Kant veröffentlicht in dieser ersten Rassenschrift seine gedanklichen Überlegungen zur Herkunft von Rassen und ihren Hierarchisierungen. Diese Schrift wird jedenfalls ein Anlass zu einem Streitthema, das sich bis zum Ende des 18. Jahrhunderts zwischen Blumenbach, Metzger, Forster, Soemmering und Herder hinzog. Dies veranlasst dann auch Kant, 1785 „*Bestimmung des Begriffs einer Menschenrace*" herauszugeben. Nach weiteren massiven Einwänden, besonders von Forster, erscheint „*Über den Gebrauch teleologischer Prinzipien in der Philosophie*", 1788. Kant zitiert unter anderem Sprengel's Beiträge zur Völker und Länderkunde.[17] Im Jahr 1798 veröffentlicht Kant seine letzte Schrift aus seiner naturphilosophischen Reihe, die „*Anthropologie in pragmatischer Hinsicht*". Sie ist eine überarbeitete Vorlesungsschrift, deren Konzept seit 1757 existiert und ständig korrigiert und erweitert wird.[18]

Wie oben bereits angedeutet, sind die naturphilosophischen Thesen heute nicht mehr aktuell. Vor allem aber zeigen die „Rassenschriften" einen Philosophen, den man, aus heutiger Perspektive, lieber unterschlagen möchte. Im folgenden Kapitel werden die Werke, die sich mit den rassentheoretischen Unterscheidungen Kants beschäftigen, genauer untersucht.

---

16 Reinhard Brandt: *Kritischer Kommentar zu Kants Anthropologie. (1798)*. Hamburg 1999, 18.

17 Robert Bernasconi: *Kant as an Unfamiliar Source of Racism.* Oxford 2002, 148.

18 http://kant.bbaw.de/physische-geographie/immanuel-kant-vorlesungen-uber-physische-geographie

1.2.3 Kants Rezeption der anthropologischen Schriften

Kants Gesinnung wird von Geier wiedergegeben mit „liebevoller, größter Dankbarkeit und Hochachtung".[19] Sowohl Jacobi, von Geier zitiert, als auch Wasianski, gestehen ihm edle Gesinnung und strengsten moralischen Lebenswandel zu.[20] Umso mehr verwundern die Aussagen Kants zur Frage der Rasse, den Juden und den Frauen, die er in seinen anthropologischen Vorlesungen und in einigen Aufsätzen zur Sprache bringt.

Kants anthropologische Schriften und hier im Besonderen die Aufsätze, welche das Thema der Rasse zum Inhalt haben, sind vermutlich auch deswegen weniger bekannt, weil erst der Holocaust und die Befreiung der Schwarzen, den Blick vieler Denker auf dieses Thema richten. Aber genau diese Ereignisse führen auch in Verbindung mit Kants Rassentheorie dazu, die Textstellen zu verschweigen. Gudrun Hentges ist der Ansicht, dass:

> Kants Beitrag zur Entwicklung einer Rassentheorie im deutschen Sprachraum entweder eine nur geringe Bedeutung beigemessen [wird], oder aber die von ihm vorgenommene Kategorisierung wird dem Bereich der physischen - und damit angeblich harmlosen, da lediglich körperliche Merkmale berücksichtigenden - Anthropologie zugeordnet.[21]

Auch Reinhard Brandt bemerkt, dass zur *„Anthropologie in pragmatischer Hinsicht"*, keine namhafte Studie seit der Erscheinung seines Werks vorgelegt

---

19   Manfred Geier: Kants Welt. Reinbek 2004, 237.
20   E. A. Ch. Wasianski: *Immanuel Kant in seinen letzten Lebensjahren.* Darmstadt 2012, 215.
21   Gudrun Hentges: *Schattenseiten der Aufklärung.* Schwalbach/Ts. 1999, 221f.

wurde und ein Preisausschreiben aus dem Jahre 1931, zu diesem Thema, ohne Ergebnis bleibt.[22]

Das Problem liegt offensichtlich darin, dass Kants Moralphilosophie, seine politische Philosophie und seine anthropologischen Schriften, sich einer kohärenten Deutung zu entziehen scheinen. Stellt man die Denkinhalte den anthropologischen Schriften gegenüber, so gibt es immer Einwände, von welcher Seite auch immer. Will man Kant aber ernst nehmen, so muss man sich seine vier Fragen vor Augen halten:

> 1) Was kann ich wissen? 2) Was soll ich Thun? 3) Was darf ich hoffen? 4) Was ist der Mensch? Die erste Frage beantwortet die Metaphysik, die Zweite die Moral, die Dritte die Religion und die Vierte die Anthropologie. Im Grunde könnte man aber alles dieses zur Anthropologie rechnen, weil sich die ersten Fragen auf die Letzte beziehen (Log 09, 25-3).

Kants Rat wird aber offensichtlich nicht so richtig ernst genommen. Johannes Hirschberger *„Geschichte der Philosophie Band II: Neuzeit und Gegenwart"* erwähnt die Anthropologie nur einmal, ohne näher darauf einzugehen. Aber auch die Geschichtsschreibungen von Windelband, Vorländer und Eisler bringen Kant und Rassismus nicht in Zusammenhang. Das *„Historisches Wörterbuch der Philosophie"* liefert einen Eintrag zum Thema Rasse und gibt hier wenigstens die wichtigsten Teilnehmer des Diskurses, wie Kant, Buffon oder Blumenbach an und verweist auf das „problematische Potential". Das Kohlhammer Urban Taschenbuch *„Philosophie des 17. und 18. Jahrhunderts"* von Emerich Coreth und Harald Schöndorf, 2008, verweist nur kurz auf die *„Anthropologie in pragmatischer Hinsicht"*, die aus Sicht der Autoren kaum diesem Anliegen entspricht, weil sie keine philosophische Anthropologie ist. Die Rassenschriften werden nicht

---

22   Reinhard Brandt: *Kritischer Kommentar zu Kants Anthropologie (1798)*. Hamburg 1999, 7.

erwähnt. In *„Geschichte der Philosophie in Text und Darstellung. Deutscher Idealismus"* aus dem Reclam Verlag, 2004, findet sich nicht einmal der Begriff der Anthropologie. Bei Manfred Geier findet sich überhaupt kein Hinweis auf Kants Rassentheorien. In dem Buch *„Kant in der Diskussion der Moderne"* aus dem Suhrkamp Verlag von 1996 kommt der Ausdruck Rasse oder Rassismus in Verbindung mit Kant überhaupt nicht vor, obwohl gerade in der neueren Debatte, Rassismus immer noch ein großes Thema ist. Michel Foucault verweist in seinem Buch *„Einführung in Kants Anthropologie"*, Suhrkamp 2010, ebenso wenig auf die Rassentheorie Kants. Im Kant-Handbuch von Irrlitz wird zwar darauf eingegangen, jedoch ist der Autor folgender Ansicht: „Das universalistische Prinzip in Kants Ethik und Rechtstheorie wird vom Rassenbegriff nicht beeinträchtigt."[23] Wie sich zeigen wird, ist das keinesfalls zutreffend.

Erst in der neueren Philosophie-Literatur, im deutschsprachigen Raum, widmet sich Monika Firla und Bettina Stangneth dem Phänomen der Rasse bei Kant. Ebenso Gudrun Hentges, Professorin für Politikwissenschaft, die Philosophie studierte, desgleichen Manfred Kappeler, Professor für Sozialpädagogik, werden hier zu Wort kommen. Im angelsächsischen Raum ist der Diskurs doch etwas breiter und gleichzeitig, aus meiner Sicht, tiefer angelegt. Das dürfte auf den nicht so hohen Stellenwert Kants, in Übersee und der daher geringeren Scheu ihn zu kritisieren, zurückzuführen sein. Emanuel Chukwudi Eze, Mark Larrimore, Robert Bernasconi, Pauline Kleingeld und Charles W. Mills sind die bekanntesten Speerspitzen in dieser Diskussion. Es scheint, wie Robert Bernasconi urteilt, tatsächlich das Konzept der Rasse und

---

23   Gerd Irrlitz: *Kant-Handbuch.* Stuttgart 2010, 91.

der Zusammenhang mit Immanuel Kant in den letzten fünfzig Jahren verlorengegangen zu sein.[24]

2. Kants Widerspruch zwischen Moral, Recht und Anthropologie?

Kant, der als Begründer der modernen Philosophie gehandelt wird, als einer der bedeutendsten Vertreter der antik-westlichen Ausrichtung, wird auch den großen Denkern der Gerechtigkeit und Gleichheit zugerechnet. Ottfried Höffe bringt ihn in Verbindung mit den modernen Menschenrechten und schreibt folgendermaßen: „ ... wer den Gleichheitsgedanken in der Menschenrechtsidee schont enthalten sieht, findet bei Kant beide Aspekte, Freiheit und Gleichheit, hervorgehoben."[25] Wie wir noch sehen werden, unterschlägt auch Höffe die anthropologischen Aussagen Kants. Ein weiterer Nebenaspekt ist, dass auch Hegel gerne als Verfechter der Gleichberechtigung dargestellt wird, obwohl auch er von der Überlegenheit der weißen Rasse spricht und Afrika aus der Weltgeschichte ausschließt, indem der Weltgeist sich hier nicht anzusiedeln gedenkt.[26]

2.1. Kants praktische Philosophie

Kant gilt als großer Aufklärer und mit seiner Friedensschrift als Inspirator des Völkerbundes, der nach dem 1. Weltkrieg den Frieden in Europa sichern sollte. Auch der Artikel 1 des deutschen Grundgesetzes wird Kant gerne

---

24   Robert Bernasconi: *Kant as an Unfamiliar Source of Racism*. Oxford 2002, 162 Fußnote 6.
25   Otfried Höffe: *Kants Kritik der praktischen Vernunft*. München 2012, 20.
26   Arnold Farr: *Wie Weißsein sichtbar wird*. Münster 2009, 47f.

zugeschrieben, der sich aus der Menschheitszweckformel von Kants kategorischem Imperativ herleitet, als Inbegriff des Schutzes von Menschen und zur Abwehr von Unterdrückung: „Handle so, daß du die Menschheit sowohl in deiner Person, als in der Person eines jeden andern jederzeit zugleich als Zweck, niemals bloß als Mittel brauchst" (GSM 04, 429-10). Das bedeutet, dass Menschen dem freiwillig zustimmen, sie also nicht zu irgendwelchen Handlungen gezwungen werden dürfen. Sie dürfen nicht bloß als Mittel gebraucht oder missbraucht werden. Bei Kant erscheint das Subjekt unantastbar, weil es aus freien Stücken, also autonom, handeln kann und nicht muss. Kant formuliert weiter: „Denn vernünftige Wesen stehen alle unter dem Gesetz, daß jedes derselben sich selbst und alle andere niemals bloß als Mittel, sondern jederzeit zugleich als Zweck an sich selbst behandeln solle" (GSM 04, 433-26). Jedes vernünftige Wesen, dazu gehören für Kant nur Menschen, wären diesem Gesetz, das in der menschlichen Natur angelegt ist, verpflichtet. Sie verbinden sich zu einem Reich der Zwecke (nur als Ideal gedacht), die durch ihre systematische Verbindung gemeinsame und objektive Gesetze bilden. Jedes vernünftige Wesen ist daher zu verstehen als allgemein gesetzgebend und gleichzeitig auch an das Gesetz gebunden. Kant hat aber auch noch den Naturgesetz-Imperativ formuliert: „handle so, als ob die Maxime deiner Handlung durch deinen Willen zum allgemeinen Naturgesetze werden sollte" (GSM 04, 437-17). Die Behandlung von Menschen deren Freiheit geachtet wird, würde sich als Naturgesetz nicht widersprechen. Würde es aber zum Naturgesetz, einzelne Menschen zu unterdrücken, so würde sich kein einziger Mensch mehr sicher fühlen können und das Gesetz würde zu nichts taugen, denn eine vollkommene Pflicht ist, wenn ich die Verallgemeinerung einer Maxime widerspruchsfrei denken kann oder auch denken will. Kann ich sie widerspruchsfrei denken aber nicht wollen, dann ist sie unvollkommen. Wie kommt Kant zu dieser Ansicht?

In der *„Grundlegung zur Metaphysik der Sitten"* stellt Kant klar, was er unter dem Begriff „gut" versteht. Das einzige Gute ist der Wille, also der „gute Wille". Dazu transformiert er sich erst durch die Handlung aus Pflicht, die aber nicht heteronom bestimmt wird, sondern aus der eigenen Selbstgesetzgebung heraus ihre Anwendung findet. In der Vernunft, die also den Willen bestimmt und in der Befolgung dieser, das gleichzeitig bedeutet, sich der eigenen Pflicht unterzuordnen, wird der Wille gut und damit zum objektiven Gesetz und subjektiver reiner Achtung für das Gesetz (GSM 04, 400-17f). Der Wille wird somit allgemeingültig, wenn er durch die Vernunft geboten ist und das Mittel ist der Handlungsgrund zum Zweck. Ergibt sich der Zweck aus dem Begehren, so führt das zum hypothetischen Imperativ. Der Zweck aus Gründen der praktischen Vernunft, die in uns angelegt ist, formuliert den kategorischen Imperativ, sofern wir uns fragen, ob die Maxime (subjektiver Handlungsgrund) zu einem allgemeinen Gesetz werden kann, d. i. das praktische Gesetz: „ich soll niemals anders verfahren als so, daß ich auch wollen könne, meine Maxime solle ein allgemeines Gesetz werden" (GSM 04, 402-07). Weil wir uns das allgemeine Sittengesetz nun geben können, haben wir Würde. Kant formuliert als schöne Idealvorstellung was nun die Zwecke, die zugleich Pflichten sind, in der Metaphysik der Sitten: „Sie sind: Eigene Vollkommenheit - fremde Glückseligkeit. Man kann diese nicht gegen einander umtauschen ..." (MS 06, 385-32). Man kann nun mit Kant resümieren, der Determinismus ist aufgehoben, weil wir nach einer „Kausalität aus Freiheit" (KpV 05, 70-4) handeln und daher die Kausalität der empirischen Welt überwinden können.

2.2. Kants politische Philosophie

Wie bereits erwähnt ist tugendhaftes Handeln, politisch verstanden, die eigene Vollkommenheit und die fremde Glückseligkeit. In der „Metaphysik der

Sitten" geht es darum, wie verträgt sich meine Handlung mit der Freiheit des Anderen und umgekehrt. Es geht hier nicht mehr um die moralischen Gesinnungen, sondern die konkreten Handlungen stehen im Brennpunkt der Untersuchung, auch wenn sie nicht mehr im Sittengesetz stehen. Ist die Behinderung von Freiheit ein Unrecht, so kann man dem ein Hindernis entgegenstellen und das ist die Strafe. Das Vermögen andere zu verpflichten ist das Recht. Kant zeigt uns, wie wir dahin gelangen:

> Eine jede Handlung ist Recht, die oder nach deren Maxime die Freiheit der Willkür eines jeden mit jedermanns Freiheit nach einem allgemeinen Gesetze zusammen bestehen kann.
>
> Wenn also meine Handlung, oder überhaupt mein Zustand mit der Freiheit von jedermann nach einem allgemeinen Gesetze zusammen bestehen kann, so thut der mir Unrecht, der mich daran hindert; denn dieses Hindernis (dieser Widerstand) kann mit der Freiheit nach allgemeinen Gesetzen nicht bestehen" (MS 06, 230-29).

Hier haben wir die Freiheit, vor allem die Freiheit des Anderen zur Sprache gebracht und es stellt sich die Frage, wie kann sie intersubjektiv, im Zusammenspiel von Gesellschaften, verwirklicht werden. Kant formuliert daraufhin seinen Imperativ der Rechtslehre, der da lautet: „handle äußerlich so, daß der freie Gebrauch deiner Willkür mit der Freiheit von jedermann nach einem allgemeinen Gesetze zusammen bestehen könne ..." (MS 06, 231-10). Nachdem die moralische Gesinnung geklärt ist, stellt sich die Frage nach den konkreten Handlungen. Wenn nun Unrecht eine Behinderung der Freiheit nach allgemeinen Gesetzen ist, so darf man, um dies zu verhindern, ein Hindernis entgegenstellen, das selbst kein Unrecht ist. Kant folgert nun „ ... das Vermögen, andere zu verpflichten, d. i. der Begriff des Rechts ..." (MS 06, 239-19). Er erklärt weiter, dass die Verpflichtung mit dem kategorischen Imperativ konvergent ist und sieht die Moralität mit der rechtlichen Weisung in Übereinstimmung. Das vernünftige Subjekt hat nun eine doppelte

Verpflichtung. Einerseits eine moralische Selbstverpflichtung, aus Achtung vor dem Gesetz und andererseits, eine juridische Verbindlichkeit, aus Gründen des positiven Rechts.

Wir haben uns bisher nur in den „metaphysischen Anfangsgründen der Rechtslehre" von Kant bewegt. Beschäftigen wird uns noch später das öffentliche Recht, in dem vom Staats-, Völker- und Weltbürgerrecht gesprochen wird, denn hier sind schon Einschränkungen formuliert, die auch bereits auf die schwierige Lage von Kants Lehre hinweisen. Kant hat nicht das Staatsverständnis einer Demokratie, in unserem Sinne, im Kopf. Er ist zwar Republikaner, aber was den Staatsbürger ausmacht, würde uns in moderner Hinsicht nicht gefallen.

> Nur die Fähigkeit der Stimmgebung macht die Qualification zum Staatsbürger aus; jene aber setzt die Selbstständigkeit dessen im Volk voraus, der nicht bloß Theil des gemeinen Wesens, sondern auch Glied desselben, d. i. aus eigener Willkür in Gemeinschaft mit anderen handelnder Theil desselben, sein will. Die letztere Qualität macht aber die Unterscheidung des activen vom passiven Staatsbürger nothwendig … (MS 06, 314-17).

Nur wer also selbständiger Staatsbürger ist, darf sich auch an der Wahl beteiligen, gilt also als aktiver Staatsbürger. Kant gibt Beispiele an, wer sich nicht als selbständig betrachten darf. Darunter fällt jedermann der keinen eigenen Betrieb vorweisen kann. Jeder der „ … von anderen Individuen befehligt oder beschützt werden [muss] …" (MS 06, 315-4). Er spricht diesen Menschen nicht das Menschsein ab, aber die Bürgerlichkeit. Am schlimmsten in der Abhängigkeit trifft es vor allem die eigenen Familienmitglieder, besonders die Frauen, die explizit erwähnt werden. Aber auch der Hauslehrer Kant wäre vom Bürgerdienst ausgeschlossen.

2.3. Kants anthropologische Gesinnung

Die Einteilung der Menschen nimmt Kant nun ganz anders vor, als wir das von ihm erwarten würden.

Die Frauen sollten nicht viel nachsinnen, es sei ihr schöner Verstand gefragt und nicht ihr tiefer Verstand, denn peinliches Nachgrübeln würde ihre Reize schwächen (GSE 02, 229-27). Auch die Wissenschaft ist nichts für sie, weil ihre Sache, die des Empfindens ist und nicht der Vernunft. „Man wird ihr gesammtes moralisches Gefühl und nicht ihr Gedächtniß zu erweitern suchen und zwar nicht durch allgemeine Regeln, sondern durch einiges Urtheil über das Betragen, welches sie um sich sehen" (GSE 02, 230-30). Frauen werden das Böse vermeiden, weil es hässlich ist und nicht weil es nicht tugendhaft ist (GSE 02, 231-29).

Aber auch die Indianer ereilt die Kritik. Ihre Religion besteht aus Fratzen, die läppisch[27] sind und sie haben wenig feines Gefühl (GSE 02, 252-19f). Die „Negers von Afrika" (GSE 02, 253-1f) haben überhaupt kein Gefühl, das über das Läppische hinausreicht, haben keinen Kunstsinn oder eine andere rühmliche Eigenschaft und müssen aufgrund ihrer Schwätzigkeit mit Prügeln auseinandergejagt werden (GSE 02, 252-19). Die „Wilden" haben außerdem kaum Gefühl für das Schöne in der Moral und eine außerordentliche Fühllosigkeit begleitet sie (GSE 02, 254-2f). Zudem sind die Schwarzen dumm, weil sie schwarz sind (GSE 02, 255-02), es fehlt ihnen also die Vernunft, hinzu kommt noch, dass sie stinken[28] (VvRM 02, 438-16f), faul,

---

27 Kant bezeichnet das Läppische auch in höflicher Manier als Leichtsinnig (AA II, 247-13).

28 Wenn auch nicht hierher passend, so sei doch kurz darauf verwiesen, dass Jachmann auf Kants scharfen Geruch verwies, weswegen er des Öfteren beleidigt wurde. Vgl. Reinhold Bernhard Jachmann: *Immanuel Kant geschildert in Briefen an einen Freund.* Darmstadt 2012, 183.

weichlich und tändelnd sind. Die Amerikaner – Kant verwendet diese Bezeichnung für die nordamerikanischen Ureinwohner - im Vergleich dazu, zeichnet eine „halb erloschene Lebenskraft" (VvRM 02, 438-03) aus.

Die unterschiedlichen Rassen werden bei Kant in eine hierarchische Ordnung gebracht, wonach die Weißen, gemeint sind hier vor allem die Nordeuropäer, die beste Rasse sind, alle anderen sind ihr unterzuordnen (VvRM 02, 441-21). Albino sind Missgeburten (BeM 08, 95-16) und die Juden sind eine „ ... Nation von Betrügern ..." (Anth 07, 205-Fußnote).

2.4. Kant als Erfinder der Rasse?

Wie lässt sich Kants anthropologische Sichtweise in Übereinstimmung bringen mit Kants Moral- und Rechtsphilosophie und dem Umstand, dass er sich niemals ausdrücklich gegen die Sklavenhaltung aussprach?[29] Wie ist der Vorwurf erklärbar, Kant sei der „Begründer des modernen Rassenbegriffs"[30], wie das Gudrun Hentges in einer Überschrift ihres Essays verwendet, wenn doch gleichzeitig einer der renommiertesten Kenner der Philosophie Kants, Otfried Höffe, Kant als Denker der Gleichheit bezeichnet? Wie wir nachfolgend sehen werden, hat Robert Bernasconi die elaborierteste Begründung vorgelegt, um zu zeigen, dass Kant tatsächlich die Rassentheorie entscheidend prägt. Aber es zeigt sich auch ein wahrer Kern an Kants Gedankenlosigkeit im Umgang mit der Rasse, wie Gudrun Hentges, Monika Firla und Bettina Stangneth zeigen werden, wiewohl manche Schlussfolgerung zur Polemik wird.

---

29   Vgl. Christoph Horn: *Nichtideale Normativität*. Berlin 2014, 93. Pauline Kleingeld: 2006: *Philosophie der Politik und Politik der Philosophie bei Kant*, in: Höffe, Otfried (Hg.), *Vernunft oder Macht? Zum Verhältnis von Philosophie und Politik.* Tübingen, 83-93.

30   Vgl. Gudrun Hentges: *Schattenseiten der Aufklärung*. Schwalbach/Ts. 1999, 4 & 209.

Bereits im Jahr 1800 ging der „Brockhaus" auf Kants Rassenkonzept ein, mit dem umfangreichen Artikel „Racen der Menschen".[31] Wolf D. Hund Professor für Soziologie meint:

> Niemand hat die damit verbundene Anthropologie stimmiger entwickelt als Immanuel Kant. Jean-Jacques Rousseaus Perfektibilität und Adam Smiths Arbeitswertlehre wurden dabei mit Georges-Louis Leclerc de Buffons Fortpflanzungskonzept und Carl von Linnes Rassennomenklatur zu einer geschichtsphilosophisch unterlegten Rassentheorie verarbeitet.[32]

Susan Shell, Professorin der Philosophie in Boston, und ausgewiesene Kant Kennerin meint, dass Kant selbst den Anspruch stellte, als Erster eine adäquate Definition vorzubringen: „ ... Kants long standing interest in the concept of race, which he claims to be the first to adequately define."[33] Robert Bernasconi, Professor für Philosophie und „African and American Studies", unter anderem spezialisiert auf die „Critical Philosophy of Race", unterstützt beide Befunde folgendermaßen:

> That Kant was a leading proponent of the concept of race when its scientific status was still far from secure is well established. Indeed, Kant can legitimately be said to have invented the scientific concept of race insofar as he gave the first clear definition of it.[34]

Er verweist auf Emanuel Chukwudi Eze, nigerianischer Philosoph, der sich im Besonderen mit postkolonialen Studien, der Aufklärung und der afrikanischen Philosophie beschäftigt. Mark Larrimore, Associate Professor für "Religious Studies und Philosophy", der sich ebenfalls mit Bernasconis Studien

---

31 Wolf D. Hund: *Rassismus*. Bielefeld 2007, 22.
32 Ebd. 65.
33 Susan Shell: *Kants Conception of a Human Race*: Albany 2006, 57.
34 Robert Bernasconi: *Kant as an Unfamiliar Source of Racism*. Oxford 2002, 146f.

beschäftigt, meint: „'Race' was invented in 1775 as an advertisement for the new disciplines of geography and anthropology that Kant inaugurated and promoted throughout his career."[35] Peggy Piesche macht Kant verantwortlich für die Einführung des Begriffes „Race" in den deutschen intellektuellen Diskurs und attestiert dem Begriff „eine erweiterungs- und dehnungsfähige Konstruktion".[36] Maureen Maisha Eggers sieht Kants Formulierungen nicht nur als Empfehlungen zur Unterscheidung von Menschen, „ ... sondern auch epistemologisch als wissenschaftliche Begründung rassenideologischer Differenz und trägt wesentlich zur Grundlage moderner Rassifizierung bei"[37]. Norbert Klatt, der sich besonders mit der Blumenbachforschung beschäftigt, beruft sich auf eine andere angelsächsische Quelle, und informiert: „Immanuel Kant (1724-1804) und Johann Friedrich Blumenbach (1752-1840). Ihnen soll ein entscheidender Anteil bei der Herausbildung des ‚wissenschaftlichen Rassenbegriffs' zukommen. Sein ‚Erfinder' sei Kant gewesen."[38] Wolbert G. C. Smidt stellt fest, dass unser Weltweiser als erster den biologischen Rassenbegriff in der deutschen Wissenschaft verankert hat und nennt seine Position „klimarassistisch".[39]

---

35 Mark Larrimore: *Antinomies of race.* Volume 42, Iss. 4-5, 2008, 342.

36 Peggy Piesche: *Der „Fortschritt" der Aufklärung.* Münster 2009, 30. Sie schreibt, dass Kant den Begriff einführt in der Schrift *„Von den verschiedenen Racen der Menschen".* Tatsächlich findet er sich bereits bei *„Beobachtungen über das Gefühl des Schönen und Erhabenen"* in AA II, 237-36.

37 Maureen Maisha Eggers: *Rassifizierte Machtdifferenz.* Münster 2009, 61.

38 Vgl. Norbert Klatt: *Kleine Beiträge zur Blumenbach-Forschung. Bd. 3.* Göttingen 2010, 9. Hier greift er zurück auf Douglas, Bronwen and Ballard, Chris (Ed.) *Foreign Bodies. Oceania and the Science of Race 1750-1940.* (Camberra: Australian National University E Press, 2008).

39 Wolbert G. C. Smidt: *Die philosophische Kategorie des Läppischen und die Verurteilung der Afrikaner durch Kant.* Nr. 6/2004, 4. Jg., Fußnoten 56 u. 57.

Zeigen sich hier zwei unterschiedliche Wahrnehmungen zur politischen Gesinnung Kants oder ist sein systematisches Werk hier inkonsistent? Kann es sein, dass Kant gedankenlos handelt, dass er „zu einer Anfälligkeit für Vorurteile, auch mit der Folge der Inkonsequenz im Denken fähig ist, die man gerade ihm gar nicht zutraut"?[40] Nimmt Kant gar eine Datenmanipulation vor, wie das Monika Firla behauptet?[41]

Robert Bernasconi behandelt diese Frage ausführlich in seinem Essay „Who invented the concept of Race?" indem er meint „It will quickly become clear that by 'the inventor of the concept of race' I mean the one who gave the concept sufficient definition for subsequent users to believe that they were addressing something whose scientific status could at least be debated."[42] Es geht um eine hinreichende Begriffsbestimmung und Definition, die nachfolgenden Denkern ermöglicht, in wissenschaftlicher Manier darüber zu diskutieren.

Der Autor befragt nun die Geschichte des Rassismus und versucht die Gründe aufzuzeigen, warum vor Kant, das Konzept Rasse noch nicht begründet wurde. Die Reinheit des Blutes, die man den „Conversos" absprach, also den konvertierten Juden, kann ebenso wenig genügen wie die Aberkennung des Menschenstatus der amerikanischen Ureinwohner. Interessanter wird es bei Francois Bernier, der 1684 einen anonymen Essay herausgab und von vier unterschiedlichen Menschentypen spricht, denen er sogar den Terminus „Rasse" verleiht. Dabei unterscheidet er zwischen Europäern, Afrikanern, Orientalen und Lappländern. Allein der Titel verrät, dass seine Terminologie noch nicht fixiert war. *„A new division of the earth, according to the different*

---

40   Bettina Stangneth: *Antisemitische und Antijudaistische Motive bei Immanuel Kant?* Würzburg 2001, 23.
41   Monika Firla: *Philosophie und Ethnographie.* 1994 Suppl. X, XXV. Stuttgart, 436.
42   Robert Bernasconi: *Who invented the concept of Race?* New York 2009, 83.

species or races of men who inhabit it". Offensichtlich war er sich noch nicht im Klaren darüber, ob es sich nun um eine Spezies oder um eine Rasse handelt. Auch Leibniz reflektiert über die fehlende exakte Begriffsbestimmung in Berniers Aufsatz. Aus diesem Grund stellt Bernasconi nochmals klar, dass nur Kant, aufgrund seiner exakten Begriffsbestimmungen, Deutungen und Zuordnungen, wie er sie entwickelt in seinen Aufsätzen „*Von den verschiedenen Racen der Menschen"* 1775 und „*Bestimmung des Begriffs einer Menschenrace"*, als Entdecker eine Rassentheorie infrage kommt. Das Konzept der Keime, die Teleologie, die Unterscheidung nach Farbe und der Umgang mit der Religion sind die wichtigsten Kernpunkte seiner Theorie. Diesen Ausführungen Kants werden wir uns später noch genauer widmen. Bernasconi verweist darauf, dass seine Feststellung nicht neu ist und vor ihm, bereits in den 1920er Jahren, Walter Scheidt, Direktor des rassenbiologischen Instituts in Hamburg, sich zu den Theorien der Rasse äußerte.[43] Für ihn war Buffon der erste Anthropologe und Kant der Urheber der ersten Rassentheorie. Der Autor holt dann zu einer Breitseite gegen die Philosophen aus. „However, Kants role in establishing the concept of race has been widely acknowledged by historians of the concept of race. It is only philosophers who have ignored it, until Emmanuel Eze restated the argument for them."[44] Demnach hätten die Historiker bereits über die Verbindung von Kant und der Theorie der Rasse gewusst, bloß die Philosophen hätten sie unterschlagen bis Emmanuel Eze sie aufgriff.

Robert Bernasconi untersucht nun weitere Forscher, die für das Konzept der Rasse in Frage kommen, um gleichzeitig aufzuweisen, warum sie nicht als

---

43 Vgl. Robert Bernasconi: *Who invented the concept of Race?* New York 2009, 86. Siehe Walter Scheidt, "*Beiträge zur Geschichte der Anthropologie. Der Begriff der Rasse in der Anthropologie und die Einteilung der Menschenrassen von Linne bis Deniker,*" Archiv für Rassen- und Gesellschaftsbiologie 15 , 1924, 383.

44 Ebd. 86.

„Erfinder" der Theorie gelten können.[45] Carl von Linné (lat. Name: Carolus Linnaeus) begann 1735 sich mit der formalen Klassifikation von Tieren und Pflanzen zu beschäftigen, in der Schrift *„System naturae sive regna tria naturae"* und unterteilt den Homo sapiens in vier geographische Varianten, die er nicht nach deren lokaler Herkunft unterscheidet, sondern nach der mittelalterlichen Lehre der Körpersäfte, zu der wir noch später kommen. Allerdings, und das ist entscheidend, er stellt keine Stufenordnung für diese Menschen auf. Buffon dagegen erstellt seine Theorie als Alternative zu Linné und publiziert 1749 sein Traktat *„Histoire naturelle générale et particulière"*. Er wendet sich gegen die Klassifikation, die er für willkürlich hält, und beginnt eine methodologische Debatte auszulösen. Für Buffon ist klar, dass eine Trennlinie zwischen verschiedenen Tieren nur möglich ist, wenn einzelne Individuen nicht zur Fortpflanzung fähig sind. Diese Richtlinie wird später „Buffons Regel" genannt. Spezies oder Rassen - hier besteht das gleiche Problem wie bei Bernier, weil die Begrifflichkeiten nicht klar bestimmt sind - gelten als konstant, wobei ein Spielraum für individuelle Variation offenbleibt, was aber nicht näher definiert ist. 1753 wendet sich Buffon in seinem Aufsatz *„The Ass"* wieder seiner eigenen Regel zu, ebenso wie der Degeneration der Variationen innerhalb der menschlichen Spezies. Er differenziert nun die Menschen in Schwarze, Weiße, Lappländer und Patagonier, fügt ihnen aber noch Riesen und Zwerge, desgleichen Menschen mit extrem langen Beinen auf Ceylon und das Vorkommen von sechs Fingern und Zehen, in bestimmten Familien, hinzu. Unterdessen ist ihm klar, dass seine Einteilung nicht hinreichend ist, und er warnt ausdrücklich vor deren Verwendung.

> These intervals are also the sole lines of separation that one will find in our work. We shall not divide beings otherwise than they are in fact. Each species, each succession of individuals which reproduce and cannot mix will

---

45   Ebd. 86.

be considered apart and treated separately, and we shall not use families, kinds, orders and classes which are set by Nature.[46]

Das gilt auch noch für die Arbeiten Buffons nach 1766. Das Fehlen einer klaren Terminologie macht Buffon nicht zum Erfinder von Rasse, wenngleich er Bedeutendes in die Diskussion einbringt und sich auch Immanuel Kant in seinen Schriften, vor allem auf die „buffonsche Regel" beruft.

Ein weiterer wichtiger Protagonist in der Rassendebatte ist Blumenbach. Seine wichtigste Schrift zu dem Thema ist „*De generis humani varietate nativa*", die er in drei Ausgaben herausbringt, wobei sie sich außergewöhnlich, im Umfang, unterscheiden. Die erste Ausgabe, die ein paar Monate nach Kants „*Von den verschiedenen Racen der Menschen*" erscheint, bedient sich der gleichen Terminologie, nämlich „Varietäten"[47], wie Linné. Zwar ist Blumenfelds Klassifikation wesentlich komplexer als diejenige von Kant, der nur nach Farbe unterscheidet, aber es gibt keine Aussagen zum Status der Varietäten, außer dass diese ineinander laufen und daher keine Trennlinien gezogen werden können. Diese Ununterscheidbarkeit gilt auch noch für seine dritte Ausgabe. Dies wird auch von John H. Zammito, Professor der Geschichte, Rice University in Houston, spezialisiert auf die Aufklärung, untermauert mit der Begründung: „ ... we must say that Blumenbach did not offer a clear conception of ‚variety' analogous to that wich Kant sought for ‚race', and as a result his discrimination of varietis cannot be paralleled to Kants discrimination of ‚races'.[48] Blumenfeld gibt sogar zu, in seinem

---

46 Ebd. 87. Das Originalzitat findet sich in HN IV 385-6.

47 Varietät abgeleitet von varietas lat: Mannigfaltigkeit, Verschiedenheit, Buntheit (Quelle Pons Schule und Studium 2007) Varietät bedeutet nach Duden Abart, Spielart, also geringfügige Abweichungen einer Art. Da die meisten Abhandlungen in Latein verfasst wurden, werde ich versuchen den Begriff auch in Deutsch wiederzugeben.

48 John H. Zammito: *Policing Polygeneticism in Germany, 1775*. Albany 2006, 48.

„*Handbuch der Naturgeschichte*", dass Kant der Erste war, der präzise zwischen Rassen und Varietäten unterscheidet und 1788 schwenkt er um auf die Linie Kants, und bestätigt, dass Farbe der konstanteste Charakter der menschlichen Varietät ist, was er 1775 noch ablehnt. Aber auch Kant lobt Blumenbach wegen seines „Bildungstriebes" (ÜGTP 08, 180-33; KrV 05, 424-34), wenngleich er diesen scheinbar nicht übernimmt, da sie gegen die eigene Keimtheorie steht, aber dazu später. Mit der Überlegung zwischen "Race" und Varietäten eine Unterscheidung einzuführen, ergab sich eine Nähe der beiden Denker, der sich Christoph Girtanner annimmt, mit dem Buch *„Über das kantische Prinzip für die Naturgeschichte"* von 1796. Bernasconi geht sogar davon aus, „ … it was through Blumenbach that Kants concept of race came to have an impact on the larger scientific community."[49]

Nach den Überlegungen vor allem von Bernasconi und auch den anderen angeführten Autoren, kann man nun tatsächlich den Schluss ziehen, Kant ist nicht nur der Erfinder des wissenschaftlichen Rassenbegriffs, sondern er ist der Erste, der eine umfassende Rassentheorie herausgibt. Mögen seine Intentionen wissenschaftlicher Natur sein, so stützen sich die Ausführungen auf ungeprüfte Reiseberichte und Vorurteile, die zu seiner Zeit üblich sind. Im Nachfolgenden werden wir uns genauer mit seiner Theorie auseinandersetzen.

3. Kants Theorie der Rasse

Die erste Arbeit, die sich den „Negern" widmet, ist noch keine systematische „Rassenschrift" und stammt aus dem Jahr 1764, mit dem Titel *„Beobachtungen über das Gefühl des Schönen und Erhabenen"*, dessen Begriff sich im Kapitel „Von den Nationalcharaktern, in so ferne sie auf dem unterschiedlichen Gefühl des Erhabenen und Schönen beruhen" findet. Das

---

[49] Robert Bernasconi: *Who invented the concept of Race?* New York 2009, 89.

eigentliche Thema des gesamten Traktats ist die ästhetisch-moralische Beziehung zwischen Schönem und Erhabenem, vor allem in der deutschen Popularphilosophie und dem englischen Empirismus. Seit dem Beginn der Renaissance und insbesondere im 18. Jahrhundert wird das Schöne mit dem Guten in Verbindung gebracht und das Böse mit dem Hässlichen, aufgrund einer verherrlichenden Sichtweise der Antike, wie das ausführlich George Mosse, deutsch-jüdischer Historiker, in seinem Buch „*Die Geschichte des Rassismus in Europa*" anführt. Das geht zurück auf Jakob Burkhardt und auch auf den jungen Nietzsche, die sich mit der Destruierung der glorifizierten Antike auseinandersetzten. Das Innere des Menschen zeigt sich also im Äußeren. „Das 18. Jh. erlebte den Aufstieg neuer Wissenschaften wie Anthropologie und Physiognomie (als Erforschung des menschlichen Gesichts), klassifizierte die Menschen und begründete ein Klischee der menschlichen Schönheit, das sich nach klassischen Vorbildern als dem Maßstab aller menschlichen Werte richtete."[50] Immanuel Kant blieb daher nicht unberührt von dieser geistigen Strömung.

3.1. Frühe anthropologische Überlegungen

Zu Beginn interessiert uns die Frage, welche Überlegungen Kant nun anstellt in seinen ersten Schriften. Ein besonders wichtiger Terminus für unseren Philosophen ist der Begriff des Läppischen. Wolbert G. C. Smidt, Philosoph und Ethnologe, Spezialgebiet ist das Afrikabild bei Kant und Herder, beschäftigt sich in seiner Schrift „*Die philosophische Kategorie des Läppischen und die Verurteilung der Afrikaner durch Kant*" mit den Gründen, die Kant zu dem Werk „*Beobachtungen über das Gefühl des Schönen und Erhabenen*" bewog. Für Kant geht es um eine Reizbarkeit der Seele, die aber

---

50   George L. Mosse: *Die Geschichte des Rassismus in Europa*. Frankfurt/Main 2006, 9.

ausgerichtet ist auf alle Menschen und nicht nur auf wenige, besonders feine, Verstandesdenker. Das Erhabene ist ein nach oben gerichtetes Erheben, wobei die positive Besetzung des „Oben" erwähnt wird. Ähnliches gilt auch für den Terminus Aufklärung, in der das Dunkel durch das Licht vertrieben wird und sich eine metaphysische Konnotation zeigt. „Das Erhabene muß jederzeit groß, das Schöne kann auch klein sein" (GSE 02, 210-4). Diese beiden Gefühle sind bei Kant aber eng mit dem Verstand und der Subjektivität verwoben, da die Affizierung nicht durch eine materiale Beschaffenheit erfolgt, sondern hervorgebracht wird, durch das „jedem Menschen eigene Gefühl" (GSE 02, 207-6). Kant spricht zusätzlich noch von einem Gefühl feinerer Art:

> Es giebt noch ein Gefühl von feinerer Art, welches entweder darum so genannt wird, weil man es länger ohne Sättigung und Erschöpfung genießen kann, oder weil es so zu sagen eine Reizbarkeit der Seele voraussetzt, die diese zugleich zu tugendhaften Regungen geschickt macht, oder weil es Talente und Verstandesvorzüge anzeigt, da im Gegentheil jene bei völliger Gedankenlosigkeit statt finden können (GSE 02, 208-10).

Dieses Gefühl wird unter anderem durch „Verstandesvorzüge" hervorgebracht oder durch eine tugendhafte Seele. Kant, so Wolbert, schafft hier eine Kategorie innerhalb einer scheinbar relativen Welt, die auf eine moralische Naturanlage hinweist, welche im Schönen und Erhabenen sich präsentiert. Man darf an dieser Stelle nicht vergessen, Kant hat sein kritisches Programm noch nicht ausgearbeitet und seine Moralphilosophie ist erst im Entstehen.

In den *„Beobachtungen über das Gefühl des Schönen und Erhabenen"* erwähnt Kant erstmals den Begriff „Race" (GSE 02, 237-36) für den deutschen Sprachraum. Selbst Buffon verwendete diesen Begriff 1752 noch nicht in *„Variétés dans l'espèce humaine"*, sondern verwendet „Art" oder „Geschlecht" bzw. „Gattung". Auch die Übersetzung der Berliner Ausgabe verwendet das Wort erst 1771-1774 und auch das nur zögerlich, weil der Begriff bei Buffon uneinheitlich und widersprüchlich verwendet wird.[51] Kant geht hier auch explizit auf Carl von Linné[52] ein und stellt dessen Temperamentenlehre vom Kopf auf die Füße,[53] die in einem eigenen Kapitel bearbeitet wird und sieht sie für seine Rassenlehre als zentral.

Monika Firla, Philosophin und Ethnologin, mit dem Schwerpunkt Afrikaforschung, ist der Ansicht, dass diese Schrift angeregt wurde von David Humes Essay „*Of national Characters*" und zu einem Kapitel innerhalb von Kants Schrift führt, „Von den Nationalcharaktern".[54] Kant beschäftigt sich mit den Eigenschaften der Afrikaner, die er als läppisch beurteilt: „Die Negers von Afrika haben von der Natur kein Gefühl, welches über das Läppische stiege. Herr Hume fordert jedermann auf, ein einziges Beispiel anzuführen, da ein Neger Talente gewiesen habe ..." (GSE 02, 253-1). Der Begriff „läppisch", wie er hier vorkommt, wurde nie vorher genau definiert und wird doch in der Aufklärung ein Gegenbegriff des Gefühls vom Schönen und Erhabenen, und es ist der fehlende Zugang zu einem Höheren, das von einem verzerrten Fühlen und dem Fehlen der Vernunft begleitet wird.[55] Monika Firla führt weiter aus, Kant interessiert hier nicht die Eigenschaft der Afrikaner, sondern nur das Thema Rasse, uminterpretiert zu einer einzigen Nation, obwohl er

---

51 Norbert Klatt: *Kleine Beiträge zur Blumenbach-Forschung. Bd. 3.* Göttingen 2010, 19f.

52 *Systema Naturae per regna tria naturae, secundum classes, ordines, genera, species, cum characteribus, differentiis, synonymis, locis*, von 1758, in der er die Temperamente hinzufügte.

53 Mark Larrimore: *Race, Freedom and the Fall in Steffens and Kant.* New York 2006, 113.

54 Monika Firla: *Kants Thesen vom „Nationalcharakter" der Afrikaner.* IWK. 1997/3, 7.

55 Wolbert G. C. Smidt: *Die philosophische Kategorie des Läppischen und die Verurteilung der Afrikaner durch Kant.* Nr. 6/2004, 4. Jg., 43.

Peter Kolbs *„Beschreibung des Vorgebürges der Guten Hoffnung"* von 1745 kennt, die von Völkern in großer Verschiedenheit spricht. Kant kennt aber nicht nur dieses Buch, sondern ist auch Leser der Schrift *„Allgemeine Historie der Reisen zu Wasser und Lande"*, Band 2. Hier sind über 20 Nationen oder besser formuliert Kulturen, bekannt, wie z. B. die Khoi-Khoin, Benin, Kongo, Angola, Benguela und einige Weitere.[56] Er unterschlägt bewusst die anderen Völker. Für Kant ist in diesem Zusammenhang nur eines wichtig und das ist die Determinierung der Gefühlsbefähigung, im Ausdruck „von der Natur", die auf Kants Klimatheorie verweist, die er in seinen Geographievorlesungen von 1763/64 behandelt, in seinen „Charakter der Nationen".[57] Diese Klimatheorie, die auf Buffon und Montesquieu zurückweist, geht davon aus, dass Klima und Sonneneinstrahlung für die unterschiedlichen Menschenrassen verantwortlich sind. Die heißen Zonen bieten nach Kant keine Entwicklungsmöglichkeiten weder für Ordnung noch für Schönheit.[58] Die Behauptung des läppischen Afrikaners existiert schon bereits seit den 1450er Jahren, wie Firla schreibt, und kommt von europäischen Überseekaufleuten im Zusammenhang mit Glasperlen, die von den Afrikanern zum Teil geschätzt werden. Aber Kolb verweist darauf, dass diese Wertschätzung nur gelegentlich zutrifft und trotzdem übernimmt Kant diese Scheinargumente vom Hörensagen.

Auch das bereits angerissene Zitat von Hume, der ein Beispiel fordert, dass Afrikaner in Kunst oder Wissenschaft etwas hervorgebracht hätten, macht sich Kant zunutze. Hume dazu folgendermaßen:

---

[56]   Monika Firla: *Kants Thesen vom „Nationalcharakter" der Afrikaner.* IWK. 1997/3, 7.

[57]   Ebd, 7f.

[58]   Vgl. Ebd. 8. Zitiert aus KantGeoNsHerder zit. in Menzer aus Nachlaß Adickes Nr. 4 S126.

> I am apt to suspect the negroes and in general all other species of men (for there are four or five different kinds) to be naturally inferior to the whites. There never was a civilized nation of any other complexion than white, nor even any individual eminent either in action or speculation. No ingenious manufactures amongst them, no arts, no sciences. ... In JAMAICA indeed they talk of one negroe as a man of parts and learning; but 'tis likely he is admired for very slender accomplishments like a parrot, who speaks a few words plainly.[59]

Für Hume war klar, dass alle Rassen schlechter waren als die „Weiße Rasse" und Nationen, in denen keine Weißen lebten, weder eine nennenswerte Kunst noch eine beachtenswerte Wissenschaft hervorbringen konnten. Der nachäffende Papagei ist auf Francis Williams bezogen, der in Cambridge Mathematik studiert und sich als Lyriker betätigt. Verborgen blieb Hume, aber auch Kant, dass an der Universität Wittenberg ein Dozent namens Wilhelm Amo Anton unterrichtet, der seines Zeichens afrikanischer Abstammung aus Ghana ist und mehrere Werke in lateinischer Sprache vorlegt.[60] Ein nicht unerwähnenswerter Hinweis ist die Tatsache, dass Kant die Schriften Humes nur aus einer mündlichen Überlieferung, vermutlich von seinem englischen Freund Green kennt, der sie für Kant übersetzt, da dieser von den neuen Sprachen (die Alten waren Latein und Griechisch) nur französisch versteht, nicht aber spricht.[61] Gawlick und Kreimendahl erbringen den Beweis für

---

[59] David Hume: *Of national Characters*. ESY Pt. 1 E. 21 Foot. 6 mp. 208 gp. 252

[60] http://sammelpunkt.philo.at:8080/1876/1/1989Rassismus.pdf. 9. Auch: Franz Martin Wimmer: *Rassismus und Kulturphilosophie*. in: (Gernot Heiß u.a., Hg.) Willfährige Wissenschaft. Die Universität Wien 1938-1945 Wien: Verlag für Gesellschaftskritik, 1989, S. 89-114.

[61] Reinhold Bernhard Jachmann: *Immanuel Kant geschildert in Briefen an einen Freund*. Darmstadt 2012, 122.

Kants Unkenntnis der englischen Sprache, wenn auch einige andere Interpreten dagegen immer noch anzuschreiben versuchen.[62]

Eine weitere Stelle, die an Hume erinnert, verweist auf die Analogie von Gemütsfähigkeit und Farbe. Laut Firla ist mit Gemüt gemeint das „Vermögen zu empfinden und zu denken", das auch als Synonym für Veranlagung, Temperament oder Naturell zu denken ist, wie sich das in der Temperamentenlehre zeigen wird. „So wesentlich ist der Unterschied zwischen diesen zwei Menschengeschlechtern, und er scheint eben so groß in Ansehung der Gemüthsfähigkeiten, als der Farbe nach zu sein" (GSE 02, 253-10). Hier scheint sich Kant aber eher an Montesquieu zu orientieren, wie Firla angibt, der meint, man könne von der Hautfarbe auf die Geistesfähigkeiten schließen; weiße Haut lässt einen „hellen Kopf" vermuten und die schwarze Hautfarbe soll den umnachteten Geist symbolisieren.[63]

Kant macht auch nicht Halt vor der Kritik an der Religion der Schwarzen und zeigt außerdem seine Verachtung für ihre nur unzureichenden intellektuellen Fähigkeiten.

> Die unter ihnen weit ausgebreitete Religion der Fetische ist vielleicht eine Art von Götzendienst, welcher so tief ins Läppische sinkt, als es nur immer von der menschlichen Natur möglich zu sein scheint. Eine Vogelfeder, ein Kuhhorn, eine Muschel, oder jede andere gemeine Sache, so bald sie durch einige Worte eingeweiht worden, ist ein Gegenstand der Verehrung und der Anrufung in Eidschwüren (GSE 02, 253-13).

Diese Art von Religion ist für ihn nichts anderes als Götzendienst, der ins Läppische absinkt, wohl wissend, dass der abergläubische Fetischglaube, den

---

62 Günther Gawlick; Lothar Kreimendahl: *Hume in der deutschen Aufklärung*. Stuttgart 1987, 186.

63 Vgl. Monika Firla: *Kants Thesen vom „Nationalcharakter" der Afrikaner*. IWK. 1997/3, 10.

er geißelt, nur lokal verbreitet ist, wie Firla betont, und andererseits, die Missionierung durch das Christentum und den Islam bereits weit fortgeschritten ist. Auch hier zeigt sich die Gegentendenz des Läppischen zum Erhabenen. Das Wertlose, Inhaltsleere und insbesondere der Mangel an Vernunft, wird in Relation zum „Höheren" gestellt. Die Sprache wird zweckentfremdet, anstatt sie im Rahmen der Vernunft zu denken, und missbraucht für die Magie. Wolbert geht noch weiter und sieht darin die „Deutungsmuster der Kirche übernommen:

> Die 'Neger' wären der Sünde, der Abgötterei verfallen, seien dazu aber nicht ohne jeden Ausweg verurteilt, sie könnten sich davon befreien (indem sie sich der wahren Lehre zuwenden - oder bei Kant: wenn sie den großen Gefühlen, wie dem Erhabenen, bzw. der Vernunft zugänglich würden).[64]

Dazu kommt noch, dass ein derartiger Sprachgebrauch als verzerrend zu beurteilen ist und nur als fratzenhaft zu verstehen ist: „Unnatürliche Dinge, in so fern das Erhabene darin gemeint ist, ob es gleich wenig oder gar nicht angetroffen wird, sind Fratzen ... Andererseits artet das Gefühl des Schönen aus, wenn das Edle dabei gänzlich mangelt, und man nennt es läppisch" (GSE 02, 214-1). Zu berücksichtigen sind, aus meiner Sicht, die Ausführungen von Bettina Stangneth in ihrer Preisschrift „*Antisemitische und Antijudaistische Motive bei Immanuel Kant?*" Die Herabwürdigung liegt vor allem daran, dass Kant jedweden Kirchenwahn und Aberglauben ablehnt, da nur die Vernunftreligion, den einzigen Zugang zur moralischen Besserung bietet.[65] Dieses Religionsverständnis begründet, unter anderem auch, die Ablehnung der Juden. Meiner Meinung nach entgeht Firla, Kants Zugang zur

---

64 Wolbert G. C. Smidt: *Die philosophische Kategorie des Läppischen und die Verurteilung der Afrikaner durch Kant.* 6/2004, 4. Jg., 51 Fußnote.

65 Bettina Stangneth: *Antisemitische und Antijudaistische Motive bei Immanuel Kant?* Würzburg 2001, 31f.

Vernunftreligion und unterstellt ihm daher die bewusste Unterschlagung der geringen Verbreitung des Fetischdienstes, um tendenziös zu bleiben. Kant ist nämlich nicht nur ein Gegner des Fetischdienstes der Afrikaner, sondern würde sich auch gegen jede Reliquienverehrung innerhalb der etablierten Kirche aussprechen. Firla ist weiter der Ansicht, Kant übernimmt die Meinung der Sklavenhändler und Sklavenhalter, die der Ansicht sind, den Afrikanern fehle es am Verständnis des Handels und der Vernunft, deswegen man sie zu Sklaven machen könnte. Zustimmen muss man Firla, wenn sie sich am folgenden Zitat stört: „Die Schwarzen sind sehr eitel, aber auf Negerart und so plauderhaft, daß sie mit Prügeln müssen aus einander gejagt werden" (GSE 02, 253-18). Kant unterschlägt hier Teile des Ursprungstextes, in dem darauf hingewiesen wird, dass sich die Sklaven in ihrer Eitelkeit gegen ihre Versklavung zur Wehr setzten.[66] Kant ist also eindeutig mit der Unterdrückung einverstanden.

In diesem Traktat widmet er sich auch noch der Stellung der Frau in den Ländern der Sklavenhaltung, die für ihn geradezu völlig natürlich ist. Aber auch hierzulande hätten Frauen ihren hübschen Verstand zu pflegen und sich nicht mit „tiefem Nachsinnen" (GSE 02, 229-20) zu beschäftigen, das würde nämlich ihre Stärken unkenntlich machen. Das veranlasst ihn zu einem weiteren diskriminierenden Zitat, dem Monika Firla, in einem anderen Artikel, viel Aufmerksamkeit schenkt. Kant führt aus:

> In den Ländern der Schwarzen was kann man da besseres erwarten, als was durchgängig daselbst angetroffen wird, nämlich das weibliche Geschlecht in der tiefsten Sklaverei? Ein Verzagter ist allemal ein strenger Herr über den Schwächeren, so wie auch bei uns derjenige Mann jederzeit ein Tyrann in der Küche ist, welcher außer seinem Hause sich kaum erkühnt jemanden unter die Augen zu treten. Der Pater Labat meldet zwar, daß ein Negerzimmermann,

---

66   Monika Firla: *Kants Thesen vom „Nationalcharakter"* der. IWK. 1997/3, 10.

dem er das hochmüthige Verfahren gegen seine Weiber vorgeworfen, geantwortet habe: Ihr Weiße seid rechte Narren, denn zuerst räumet ihr euren Weibern so viel ein, und hernach klagt ihr, wenn sie euch den Kopf toll machen; es ist auch, als wenn hierin so etwas wäre, was vielleicht verdiente in Überlegung gezogen zu werden, allein kurzum, dieser Kerl war vom Kopf bis auf die Füße ganz schwarz, ein deutlicher Beweis, daß das, was er sagte, dumm war (GSE 02, 245-32f).

Firla, die das für eine programmatische Stelle hält, behauptet, Kant schicke der Beschäftigung mit der Ethnographie ein Scheinargument einer vermeintlichen Rassentheorie voraus. Die ethnographischen Daten werden „nicht nur manipuliert, sondern explizit und vorsätzlich unterschlagen".[67] Sie meint, dass er hier eine chauvinistische These formuliert, mit der er sich nicht weiter beschäftigt, sondern nur an der Hautfarbe des Zimmermanns interessiert ist. Aus dieser Prämisse leitet er die „Falschheit der Aussage" ab, kurz gesprochen, Hautfarbe macht dumm. Firla bemängelt aber auch, dass er seine Quelle, die sich genau an den Bericht von Labat hält, mehrfach verfälscht und falsch wiedergibt.[68] Tatsächlich verhält sich der Zimmermann in keiner Weise wie ein Tyrann, noch bezeichnet er die Weißen als Narren.[69] Wolbert sieht darin noch einen anderen Aspekt, nämlich den der Gesetzlosigkeit des Zimmermanns, auf den Kant hindeutet, da er ähnlich wie Hobbes, Natürliches nur durch Gesetze zivilisiert sieht und damit erst die

---

67 Monika Firla: *Philosophie und Ethnographie*. 1994 Supplement X, XXV. Stuttgart, 437.

68 Vgl. Ebd. 437. Firlas Quellen stützen sich auf „*Allgemeine Historie der Reisen zu Wasser und zu Lande*" 1748-74, 21. Bände. und auf *Nouveau voyage aux Isles de l'Amérique*. La Haye. Bd. 2, 54.

69 *Allgemeine Historie der Reisen zu Wasser und zu Lande*. Bd. 17. 1759, 442 und 443 Anmerkung „m".

Menschlichkeit verbürgt wird.[70] Als verachtenswert beurteilt Monika Firla seine ausdrückliche Immunisierung der rassenhierarchischen Charakterisierung der Afrikaner gegen die ethnographischen Fakten. Aber schon in den Vorlesungen zur physischen Geographie in den 1750er Jahren sind die Afrikaner, wie die Indianer, einfach nur Wilde, im Vergleich zu den Zivilisierten Europas.

> Die Menschheit ist in ihrer größten Vollkommenheit in der Race der Weißen. Die gelben Indianer haben schon ein geringeres Talent. Die Neger sind weit tiefer, und am tiefsten steht ein Theil der amerikanischen Völkerschaften.
>
> Die Mohren und andere Völker zwischen den Wendekreisen können gemeiniglich erstaunend laufen. Sie sowohl als andere Wilde haben auch mehr Stärke als andere civilisirte Völker, welches von der freien Bewegung, die man ihnen in der Kindheit verstattet, herrührt (PG 09, 316-05).

Diese Sichtweise ist für Firla eine „unlinear evolutionistische Geschichtsbetrachtung". Damit meint sie Kants Fortschrittsdenken in moralischer Hinsicht, das er gegen Mendelsohns „neoevolutionistische" Anschauung verteidigt (TP 08, 307-10). Kant ist nämlich der Ansicht, dass wir glauben müssen, dass sich die Menschheit moralisch weiterentwickelt, sonst müssten wir sie hassen. Das zeigt sich folgendermaßen: „Wie kann man aber erwarten, daß aus so krummem Holze etwas völlig Gerades gezimmert werde" (KrV 04, 100-26)? Nur in der Stufenfolge, also in der Entwicklung der Geschichte von „cultivirt" und „civilisirt" bis zu „moralisirt" ist die menschliche Entwicklung zu denken, als „Fortschritt vom Schlechteren zum Besseren" (MAM 08, 115-23), wie er sich das vorstellt in *„Muthmaßlicher Anfang der Menschengeschichte"*. Von Interesse ist auch, dass diese Wilden noch keiner Tätigkeit nachgehen, wie

---

70   Wolbert G. C. Smidt: *Die philosophische Kategorie des Läppischen und die Verurteilung der Afrikaner durch Kant.* 6/2004, 4. Jg., 56.

Firla ausführt, da Arbeit erst mit dem Ackerbau beginnt. Kant stellt das tatsächlich klar: „Der Anfang der folgenden Periode war: daß der Mensch aus dem Zeitabschnitte der Gemächlichkeit und des Friedens in den der Arbeit und der Zwietracht, als das Vorspiel der Vereinigung in Gesellschaft, überging" (MAM 08, 118-04). Nachfolgend vermerkt er auch, dass diese Wilden noch nicht Kultur besaßen. Interessant ist für mich dieser Hinweis, weil nun auch klar ist, warum er die Rassen zum Teil als faul bezeichnet. Aus meiner Sicht geht das zurück auf die Heiligung der Arbeit durch Luther und seine religiös-christliche Sichtweise, nachdem Kain den Abel erschlug und Gott daraufhin befahl: „Im Schweiße deines Angesichts sollst du dein Brot essen, bis daß du wieder zu Erde werdest, davon du genommen bist. Denn du bist Erde und sollst zu Erde werden."[71]

Kant hat klar eine Hierarchisierung der Menschen vorgenommen, obwohl dies immer wieder in der Literatur bestritten wird, mit dem Hinweis, es sei nur eine Strukturierung.[72] Worin diese Strukturierung bestehen soll, zeigt Piesche nicht. Vermutlich kommt das daher, dass man sich andauernd darauf beruft, dass Kants Vernunft allen Menschen zukommt und damit wäre eine Hierarchisierung von vornherein ausgeschlossen. Würde man Kants anthropologische Schriften ernst nehmen, kann man aber nicht mehr umhin, eine Rangfolge anzunehmen. Diese Stufenfolge macht aber nicht einmal vor den Europäern halt und teilt ihr Weißsein charakteristisch ein. So ist der Spanier ernsthaft, verschwiegen und wahrhaft, aber auch öfters hart und wohl grausam, durch die Schwärmerei hat er auch etwas weniger Vernunft. Der Italiener hat ein gemischtes Gefühl von einem Spanier und Franzosen. Der Erste wird mehr in Verbindung gebracht mit dem Erhabenen und der Zweite

---

71 Lutherbibel 1912: 1. Mose 3,19.
72 Peggy Piesche: *Der „Fortschritt" der Aufklärung - Kants „Race" und die Zentrierung des weißen Subjekts.* Münster 2009, 32.

mit dem Schönen, besonders dem moralisch Schönen. Der ist außerdem artig, höflich und gefällig, allerdings in der Ausführung der Wahrheit nicht sehr behutsam. Der Engländer ist Fremden gegenüber gleichgültig, wenig witzig, neigt nicht zur Nachahmerei, aber er gewährt den Frauen etwas zu viel Achtung im Ehestand. Der Deutsche hat ein gemischtes Gefühl des Engländers und des Franzosen und hat eine glückliche Mischung des Erhabenen und des Schönen, zeigt mehr Bescheidenheit und hat mehr Verstand. Der Holländer dagegen hat wenig Gefühl für Erhabenheit und Schönheit, weil er nur auf den Nutzen achtet (GSE 02, 245 ff). Selbst hier zeigt sich, woraufhin Kants Schrift hinzielt. Das Erhabene und das Schöne, das sich in der Vernunft zeigt, die für Kant a priori das wichtigste Element seiner Philosophie ist, äußert sich bei den Deutschen in seiner ausgewogensten Form. Auch hier kann man beim besten Willen nicht von einer Strukturierung sprechen.

3.2. Die Temperamentenlehre

Die Lehre der Temperamente gründet sich auf die Viersäftelehre des Hippokrates (ca. 400 v. Chr.) und seiner Schrift „*De natura homini*". Temperamentum (lat. richtige Mischung) hieß bei den Griechen κρασιζ. Dieser Begriff bedeutete Mischung, Verbindung oder Temperatur. Man geht davon aus, dass es einen Zusammenhang von den vier Körpersäften, ihren Qualitäten, den Jahreszeiten und den Lebensaltern, gibt, ohne aber noch auf den Charakter schließen zu wollen. Galen, bzw. Galenus von Pergamon (2. Jhdt. n. Chr.) nahm die Vier-Elemente-Lehre der griechischen Philosophen auf und verbindet sie mit der Viersäftelehre, wobei er Naturell und Wesensart des Menschen daraus ableitet. Ein warmes und feuchtes Temperament ist dem Menschen besonders dienlich, das sich aber mit zunehmendem Alter ins Gegenteil verkehrt und kalt und trocken wird. Besonders ausgewogen ist die

Mischung bei Männern zwischen 35 und 50 Jahren, wogegen Frauen eher „kalt" und „trocken" sind. Der Haut wird die ausgeglichenste Form des Temperamentes zugeschrieben. Charakter, Neigung und Mentalität sind Ausdruck der Primärqualitätmischung der Gehirnsubstanz, die für die Funktion der inneren und äußeren Sinne zuständig ist. Demgemäß, analog zu den gegensätzlichen Kräften der Primärqualitäten, wird der wärmeren und trockeneren Mischung geistige Regsamkeit, Scharfsinn, Entschlusskraft und rasche Bewegung, bis hin zu Impulsivität und Jähzorn, zugeschrieben und der kalten und trockenen Mischung dagegen Geistesträgheit, Gefühlsarmut und Mattigkeit, bis hin zu Lethargie und Stumpfsinn. Die Temperamente werden aufgeteilt nach dem Schema der Körpersäfte in sanguinische, cholerische, melancholische und phlegmatische Temperamente. Obwohl diese Temperamentenlehre bereits im 17. Jahrhundert in der Medizin aufgegeben wird, bleibt das Schema der vier Grundtypen dennoch aufrecht bis weit ins 19. Jahrhundert.[73]

Die Lehre von den Temperamenten ist für Immanuel Kant außerordentlich wichtig im Zusammenhang mit seiner Theorie zur Rasse und auch zu seiner Moralphilosophie. Deutlich wird das am Ende der Schrift *„Beobachtungen über das Gefühl des Schönen und Erhabenen"*, in seinen Ausführungen zu den Nationalcharakteren, wenn er die Tugenden in Korrelation zu den vier Temperamenten stellt, was für die 1760er Jahre nicht unüblich ist, wie Mark Larrimore betont: „ ... temperament was the mainstay of western anthropology and psychology until the nineteenth century."[74] Die Nationen werden mit Charakterbegriffen beschrieben, die dann zu einer völligen Diffamierung der „Wilden" führt: „Finally, the 'savage' nations were

---

73   Joachim Ritter, Karlfried Gründer, Gottfried Gabriel (Hg.): *Historisches Wörterbuch der Philosophie*. Basel. 2007, Bd. 10, 980f.

74   Mark Larrimore: *Antinomies of race*. 2008, 348.

described in terms resonant again with the temperaments: this is where Kants shocking and widely quoted lines about Africans (whom he, unusually, describes as phlegmatic) appear."[75] Zur Vorlage dient das Raster von heiß und kalt, sowie trocken und feucht, das an sich bekannt ist, aber sich als Gefängnis für die Rassen entwickelt. Die Fitness einer Menschengruppierung hängt nun von der Einteilung in die Temperamente ab. Das ist nur die eigentliche Vorlage für die Unterscheidung der Rassen, die bei Kant, 1777, die Theodizee zu vermeiden sucht, doch dazu später.[76] Die Begründung, warum er überhaupt eine Einteilung der Menschen vornehmen will, liegt wiederum ursächlich in seiner Naturmetaphysik: „Knowledge of temperament, gender, national character could and should be analogously functionalized for the good of the species."[77] Kant geht es immer um die Vollkommenheit des Menschen an sich. Das Telos des Menschen wird uns an späterer Stelle noch genauer beschäftigen. Daher ist auch die Rassenvermischung eine unbedingt zu vermeidende Angelegenheit, nicht in natürlicher, sondern in pragmatischer Hinsicht. Es liegt in den Händen der Menschen selbst sich zu vervollkommnen und das kann nur geschehen, wenn es keine Vermischung der Rassen gibt.

Kants Ausführungen zu den Temperamenten wandelt sich aber im Laufe der Zeit, wie Larrimore in seinem Essay „*Substitute for Wisdom*" erläutert. Aber selbst der späte Kant ist noch ein Verteidiger der alten Temperamentenlehre, die bereits in vielen Bereichen scharf kritisiert wird und das veranlasst Larrimore zu glauben, dass Kant sie verteidigt, um seine Moralphilosophie und die Freiheit des praktisch handelnden Menschen zu stützen.[78]

---

75   Ebd. 348f

76   Ebd. 349.

77   Ebd. 360.

78   Mark Larrimore: *Substitutes for Wisdom*. Vol. 39/2, 260. Der Autor stützt sich auf das „*Philosophische Lexikon*" von Johann Georg Walch (Leipzig, 1733) und Johann Heinrich

Ursprünglich bedeutet Temperament die richtige Balance der Körpersäfte und stellt sich wie folgt dar:

Temperament	Körpersaft	Jahreszeit	Qualität
Sanguinisch	Blut	Frühling	Warm und Feucht
Cholerisch	Gelbe Galle	Sommer	Warm und Trocken
Melancholisch	Schwarze Galle	Herbst	Kalt und Trocken
Phlegmatisch	Phlegma	Winter	Kalt und Feucht

Zusätzlich werden diese Merkmale noch mit Planetenlaufbahnen, Tageszeiten, Tugenden und Klimatheorien als auch mit Nationen verknüpft. Im 11. und 12. Jahrhundert wird sie auch mit der Moraltheologie in Verbindung gebracht. „Increasingly, domination by one temperament was linked to a species of vice."[79] Bereits Ende des 16. Jahrhunderts fragt man sich schon, welche Temperamente für die „Gemüths-Neigungen" zuständig sind und im 17. Jahrhundert ist der Hochmut dem Choleriker zugeordnet, die Lust dem Sanguiniker, die Gier dem Melancholiker und die Faulheit dem lethargischen Phlegmatiker. Im 18. Jahrhundert widmet man sich verstärkt den Gemütserkundungen, wie Lavater, der sich mit der Physiognomie und der Erfahrungsseelenkunde beschäftigt; Ernst Platner mit „Anthropologie" und Knigge mit seiner radikalen Etikette. Kant fügt sich in diese Linie nahtlos ein mit seiner „Anthropologie in pragmatischer Hinsicht", deren „Zweiter Teil" betitelt ist: „Die anthropologische Charakteristik. Von der Art, das

---

Zedler „*Grosses Vollständiges Universal-Lexikon* (Halle & Leipzig, 1744) in Bezug auf die Tradition der Temperamente.

79   Ebd. 263.

Innere des Menschen aus dem Äußeren zu erkennen" (Anth 07, 283). Dieser Diskurs orientiert sich nicht ausschließlich an den Temperamenten, aber an den Charakterisierungen durch die Körpersäfte. Hintergedanke ist die Verbesserung von Individuen oder ganzen Gesellschaften oder auch das Erkennen von Fehlentwicklungen. Philosophisch ist auch noch das Leib-Seele-Problem ein Antrieb für diese Forschungen.

Im Allgemeinen glaubt man, sanguinische und cholerische Temperamentsträger seien gesunde Erscheinungsformen und melancholische, als auch phlegmatische Menschen, sind inhärent krank, wobei es jedoch eine Strömung gibt, in der die Melancholie Geistesgrößen, Gelehrten und Künstlern zugeschrieben wird. Das wird zurückgeführt auf die pseudoaristotelische Schrift XXX.[80] Die Melancholie wird vor allem in der Aufklärung den religiösen Zweiflern zugeschrieben. „*Trostschriften*" werden daraufhin verbreitetet, damit diejenigen, die von Gott mit den jeweiligen Temperamenten „beschenkt" werden, ihren Weg finden mögen. „Hans-Jürgen Schings has argued, melancholy was the 'other' of the Aufklärung, which defined itself against especially religious enthusiasm, fanaticism and superstition."[81] Es gibt auch noch eine zweite Strömung von Augustinus herkommend, die den Phlegmatikern Beständigkeit, Wachsamkeit und Nachdenklichkeit bescheinigt. Wenn viele Philosophen das auch ablehnen, so ist es in der christlichen Philosophie ein natürliches Gegengift gegen die atheistischen Strömungen. Christian Thomasius, der als Vater der Aufklärung gilt, preist das Phlegma, das wahre Tugend und christliche Liebe hervorbringt.

---

80 Joachim Ritter, Karlfried Gründer, Gottfried Gabriel (Hg.): *Historisches Wörterbuch der Philosophie*. Basel. 2007, Bd. 10, 981. Auch Mark Larrimore: *Substitutes for Wisdom*. Vol. 39/2, 264.

81 Mark Larrimore: *Substitutes for Wisdom* Vol. 39/2, 265. Nachzulesen bei: Hans-Jürgen Schings, *Melancholie und Aufklärung. Melancholiker und ihre Kritiker in Erfahrungsseelenkunde und Literatur des 18. Jahrhunderts* (Stuttgart: Metzler, 1977).

Thomasius divides humanity into "calm people" (the phlegmatic), those who "suppress human nature" (sanguine), those who "elevate human nature too much" (choleric), and those moved by "other creatures below man" (melancholy). Compared to the imbalance of the choleric's love for honor, the melancholy's love for "earthly creatures" and the sanguine's love of sensual pleasure, the phlegmatic represents the balance which corresponds to "patient, soft- hearted," „rational," "Christian love."[82]

Thomasius nimmt die Entdeckung von Harveys Blutkreislauf, im 17. Jahrhundert, zum Anlass an einer Säfte basierten Theorie festzuhalten, dürfte sich aber noch mehr an Paracelsus, 15. Jahrhundert, angelehnt haben, der den Temperamenten chemische Elemente zuordnet: sanguinisch - Quecksilber, cholerisch - Schwefel und melancholisch - Salz.

Die neuen medizinischen Hypothesen ordnen den sanguinischen, cholerischen und melancholischen Temperamenten aktive und dem Phlegma eine passive Bedeutung zu. Mit dem Fortschreiten von neuen Erkenntnissen und Theorien über die Zusammensetzung des Blutes und der Blutgefäße kommen immer neuere Modelle auf, die sich mit der Temperatur, der Dichte oder der genauen Beschaffenheit beschäftigen. Ebenfalls noch nicht abgeschlossen sind die Theorien über die Temperamente selbst, die zum Teil von Dreien ausgingen, indem sie den Phlegmatiker als Missgeburt bezeichnen, oder sogar von fünf, sechs oder sogar acht Temperamenten sprechen. Im 18. Jahrhundert wendet man sich wieder vermehrt den vier Temperamenten zu, unter anderem belegt das die Arbeit von Johann Wilhelm Appelius' „*Historisch-Moralischer*

---

82   Ebd. 267. See Thomasius, Ausübung der Sittenlehre, ch. 7: "*Gegeneinanderhaltung der vier Haupt-Leidenschafften, Vernünfftiger, Ehr- Geld- und Wohllust-Liebe.*" The discussion is summarized at 170-73.

Entwurff der Temperamenten", von 1733, dessen Ansichten, sich zum Teil bei Kant wiederfinden.[83]

Es beginnt sich vor allem eine Entwicklung abzuzeichnen, welche die Temperamente mit der Moral in Verbindung bringen. Alexander Baumgarten's Buch *„Ethica philosophica"* ist für Kants Moralphilosophie ebenso wichtig wie Crusius' Werk *„Anweisung, vernünftig zu leben"*. Crusius versucht die drei Vollkommenheiten des Willens „Lebendigkeit, Emphase und Beständigkeit" mit den Temperamenten des Sanguinischen, Cholerischen und Melancholischen in Übereinstimmung zu bringen, wobei es das Ziel der Ethik ist, eine Ausgewogenheit zu erreichen, da nach Crusius die Temperamente immer unausgewogen sind. Das Phlegma, das wir hier noch nicht angeführt haben, wird von ihm als „Unvollkommenheit selbst" bezeichnet.[84] Bei Darjes' *„Erste Gründe der philosophischen Sitten-Lehre"* gilt das Phlegma als unmoralisch, das nur Böses hervorbringt; der Phlegmatiker ist unrettbar verloren. Sowohl Crusius als auch Darjes finden in der Apathie keine verborgenen Tugenden, wogegen Christian Wolff, der beide kritisiert, sich an die Stoa anlehnt. Baumgarten geht noch weiter und sieht im moralischen Phlegma eine notwendige Bedingung für ein gutes Leben, ohne die anderen Temperamente in der *„Ethica philosophica"* zu thematisieren. Kant bringt nun das Phlegma mit dem „Kalten Blut" in Verbindung.

Kant beginnt 1756 seine Vorlesungen „Physische Geographie" vorzutragen, die er 1772 aufteilt, in einen anthropologischen und einen geografischen Teil und beendet sie 1797.[85] Wann genau Kant sich mit den menschlichen Unterschieden zu beschäftigen beginnt ist nicht klar, aber 1764 in den

---

83   Ebd. 268.
84   Ebd. S269. Siehe auch „Anweisung, vernünftig zu leben §64-65.
85   Mark Larrimore: *Sublime Waste*. 1991, 111.

„*Beobachtungen über das Gefühl des Schönen und Erhabenen*" thematisiert er die Temperamente und verknüpft sie dann auch mit den Frauen und den Nationalcharakteren. Der Melancholiker „ … hat vorzüglich ein Gefühl für das Erhabene" (GSE 02, 219-17) und die Schönheit flößt ihm Bewunderung ein. „Der von sanguinischer Gemüthsverfassung hat ein herrschendes Gefühl für das Schöne. Seine Freuden sind daher lachend und lebhaft" (GSE 02, 222-8). Er hat ein schönes sittliches Gefühl und ist ein „schlimmer Heiliger", der niemals ganz böse oder ganz gut ist und nur wenig nach moralischen Grundsätzen handelt. Dem Choleriker ist an der Pracht gelegen, die für Kant nur einen Schimmer der Erhabenheit darstellt. Er handelt nach den Grundsätzen der Ehre und „ … er hat kein Gefühl für die Schönheit oder den Werth der Handlungen, sondern für das Urtheil der Welt, das sie davon fällen möchte" (GSE 02, 223-31). Das Phlegma wird von Kant nur kurz erwähnt, weil es „ …. keine Ingredienzien vom Erhabenen oder Schönen" (GSE 02, 224-21) besitzt, jedoch durch „Fühllosigkeit" sich negativ bemerkbar macht (GSE 02, 220-04). Larrimore sieht in den Beschreibungen der Temperamente einen Denker, der durch die Gefühlsmoral bestimmt ist. „Kant at this stage was a kind of moral sentiment thinker."[86] Menschen werden bewegt durch eine Art von Gefühl, das sich im Schönen und Erhabenen bemerkbar macht. Der Phlegmatiker, der nur kurz vorkommt in dieser Schrift, zeigt sich dann zum Schluss nochmals bei den Nationalcharakteren. „Der Holländer ist von einer ordentlichen und emsigen Gemüthsart, und indem er lediglich auf das Nützliche sieht, so hat er wenig Gefühl für dasjenige, was im feineren Verstande schön oder erhaben ist" (GSE 02, 248-31). Er wird dann sogar degradiert als „phlegmatisirter Deutsche[r]" (GSE 02, 249-2). Bemerkenswert an Kant ist, dass er nur die Melancholie in den Rang einer echten Tugend erhebt.

---

86 Mark Larrimore: *Substitutes for Wisdom*. Vol. 39/2, 272.

Aus der bisherigen Einteilung dieser Temperamente stellt sich die Frage der Theodizee. Sind nun der Sanguiniker, der Choleriker und der Phlegmatiker dazu verurteilt, niemals die moralischen Tugenden zu erreichen, deren der Melancholiker fähig ist? Kant verneint dies, weil er meint, es gibt nur wenige, die aus „Grundsätzen" handeln, und das ist gut so, denn, würden sie sich irren, wären die Folgen katastrophal. Die Sanguiniker sind deren schon viel mehr als die Melancholiker, trotzdem noch eine Minderheit und das ist ausgezeichnet, da sie die Absichten der Natur vollziehen, sie es aus gutem Herzen leisten, was ihnen zwar nicht angerechnet werden kann, weil es nicht aus Pflicht erfolgt. Viel mehr gibt es von den Cholerikern, die vornehmlich ihr Selbst vor Augen haben, durch ihre Betriebsamkeit dem Ganzen Festigkeit und Haltung geben und daraus ein Nutzen für die Gemeinschaft entsteht.

> Denn indem ein jeder auf der großen Bühne seinen herrschenden Neigungen gemäß die Handlungen verfolgt, so wird er zugleich durch einen geheimen Antrieb bewogen, in Gedanken außer sich selbst einen Standpunkt zu nehmen, um den Anstand zu beurtheilen, den sein Betragen hat, wie es aussehe und dem Zuschauer in die Augen falle. Dadurch vereinbaren sich die verschiedene Gruppen in ein Gemälde von prächtigem Ausdruck, wo mitten unter großer Mannigfaltigkeit Einheit hervorleuchtet, und das Ganze der moralischen Natur Schönheit und Würde an sich zeigt (GSE 02, 227-28).

Diese paar Zeilen zeigen, dass die Gesellschaft am meisten durch eine Ausgewogenheit von Temperamenten profitiert. Stärken und Schwächen, die sich die Waage halten, erzeugen eine würdevolle moralische Weltbühne, wobei nicht übersehen werden darf, dass die Phlegmatiker keine Rolle spielen. Dem vergleichbar ist auch das Verhältnis von Mann und Frau, das er wesentlich weniger elaboriert darstellt. In Verbindung mit seiner Ethik ist das Temperament jedenfalls problematisch anzusehen, wie auch der obige Erklärungsversuch beweist. „The temperamental variety which Kant has correlated with the variety of moral types troubles him in ways in which diversity of gender or national character do not."[87]

Ein Wandel beginnt sich bei Kant 1765 abzuzeichnen, zu entnehmen den losen Blättern zu den „*Bemerkungen in den Beobachtungen über das Gefühl des Schönen und Erhabenen*", in dem die Melancholie als beste Gemütsart abgelöst wird. „Die Gefühlvolle Seele in Ruhe ist die großeste Vollkommenheit" (HN 20, 7-16). Dem Sanguiniker, Melancholiker und Choleriker fehlt die Ruhe, während dem Phlegmatiker das Gefühl fehlt.

Das fehlende Gefühl soll nun dazu dienen auch eine gute Seite hierin aufzufinden. Larrimore vermutet: „In the anthropology lectures which he began to deliver in 1772, Kant eventually began to distinguish a strong and weak phlegmatic."[88] Das Phlegma der Schwachheit bleibt für Kant bis zum Ende eine Abscheulichkeit, während sich nun auch ein starkes Phlegma zu etablieren beginnt. In Studentenmitschriften von 1772/73 finden sich Angaben, wonach Kant über die Temperamentenlehre der Hinduisten ausführt, dass das Phlegma dort den Händlern zugeordnet wird. Bei weiteren Ausführungen ist die Bedächtigkeit der Handlungen, ausgelöst durch einen phlegmatischen Charakter, bei Generälen als Tugend zu bezeichnen, wohingegen es bei den Soldaten einen Mangel darstellt. Bei Männern gilt das Phlegma ebenso als Tugend, bei den Frauen ist es ein Missstand.[89] In weiteren Studentenmitschriften von 1775/76 findet sich das Phlegma als reine Inaktivität. Der Phlegmatiker gehört nicht zur Gesellschaft, sein Laster kann nicht für gut gehalten werden und wer nichts tut, zählt für nichts. Die Faulheit, die hier angeprangert wird, wird bei Kant im kalten Blut verortet, zuständig

---

87   Mark Larrimore: *Substitutes for Wisdom*. Vol. 39/2., 274.
88   Ebd. 275.
89   Ebd. 275. Vgl. (LA 25.2:221-22 Brahman, LA 25.2:431; cf.220)

für die Abstumpfung der Affekte und die unvernünftige Handlung der Menschen. 1777/78 in einer weiteren Vorlesungssaison ist nun seine Theorie des Phlegmas fertiggestellt. „Phlegma, the state of being without affect, is usually mere lack of liveliness, he reportedly says, but there is also a "fortunate phlegma."[90] Das gute Phlegma macht sich bemerkbar durch eine „Kaltblütigkeit nach Grundsätzen" und ist eine der wünschenswertesten Attribute eines Philosophen, weil sie ermöglicht die Nichtigkeit der Dinge zu erkennen, indem sie zuverlässig nach Grundsätzen urteilt.

Je älter Kant wird, desto schwieriger wird es für Kant, seine Temperamentenlehre der Ethik anzupassen. Die *„Anthropologie in pragmatischer Hinsicht"* will weniger behandeln, was die Natur aus dem Menschen macht, sondern vielmehr, was der Mensch aus sich machen kann und soll. Sie ist ausgerichtet auf eine Philosophie der Geschichte und der Gesellschaft. Das Thema der Rasse ist aber eine eher theoretische Diskussion als eine Pragmatische und daher ist dieser Topos sehr stark verkürzt in der Anthropologieschrift. Das Thema der Temperamente hat zwar keinen eigenen Bereich, wird aber thematisiert im „Charakter der Person", der sich einteilt „ ... in a) Naturell oder Naturanlage b) Temperament oder Sinnesart und c) Charakter schlechthin oder Denkungsart ..." (Anth 07, 285-18). Verkürzt bedeutet das dargestellt: „*Naturell* represents man as part of the world of nature; like ethics, character represents him as a participant in the world of freedom. ... Temperament links yet holds apart the worlds of nature and freedom."[91] Durch die Verbindung von etwas Unüberbrückbarem, also der Freiheit und der beobachtbaren empirischen Welt, wird die Lehre von den Temperamenten immer spannungsvoller. Jede freie Handlung wird ein Ergebnis von natürlichen Gesetzen. Das Naturell geht subjektiv mehr auf das

---

90 Ebd. 276 Vgl. (LA 25.2.:801,821)
91 Ebd. 278.

Gefühl, das Temperament soll die Freiheit des Handelns ermöglichen. Kant versucht dabei einen psychologischen und physiologischen Blickwinkel zu ermöglichen, der den sanguinischen und melancholischen Charakter mehr mit dem Naturell in Verbindung bringt als mit dem cholerischen und phlegmatischen Charakter.[92] Kant zeigt aber auch, dass jede tugendhafte Handlung nicht Sache des Charakters, sondern des Temperaments ist. „Da ergiebt sich nun: daß die Temperamente, die wir blos der Seele beilegen, doch wohl ingeheim das Körperliche im Menschen auch zur mitwirkenden wirkenden Ursache haben mögen: ..." (Anth 07, 286-27). Jetzt wird auch klar, warum Kant das gute Phlegma einführt, das er mit dem Philosophen in Verbindung setzt. Das schlechte Phlegma ist der Hang zur Untätigkeit, wie wir in der Rassentheorie noch genauer sehen und das starke Phlegma ist Affektlosigkeit, wie Kant schreibt, also in Verbindung mit der Vernunft höchst erstrebenswert (Anth 07, 289-28f). Phlegma as strength can be understood in terms of an equilibrium of inclinations, well-ordered and at-the-ready.[93]

Kants praktische Philosophie kann vor diesem Hintergrund nun auch besser verstanden werden, wenn man in der „Grundlegung zur Metaphysik der Sitten" den inneren Wert mit dem Phlegma gleichsetzt und die böse Tat durch das kalte Blut repräsentiert wird, das Kant neuerdings als gut preist. Hierdurch wird die Tat jedoch noch verabscheuungswürdiger. (GMS 04, 394-01f).

In dem Werk „Beobachtungen über das Gefühl des Schönen und Erhabenen" war noch die Erhabenheit mit der Moralität verbunden und ein Vierteljahrhundert später weicht es dem ruhigen, affektlosen Phlegma, das mit der Apathie gleichzusetzen ist (MS 06, 408-24). Wie ist nun schlussendlich

---

92   Ebd. 279.

93   Ebd. 282.

die Diversität von Menschen zu verbinden? Für Kant ist klar, ob man nun eher sanguinisch, cholerisch, melancholisch oder auch vielmehr wertlos phlegmatisch ausgeprägt ist, so hat jeder Mensch die Möglichkeit, in einem Willensakt, das starke Phlegma über die anderen Temperamente zu stellen.[94] Hiermit zeigt sich allerdings das Phlegma als kein Temperament im eigentlichen Sinne, das von der Natur vorgegeben ist. Es wird zur ausgewogenen Fülle von Affekten und jede Person, die es in sich trägt, hat alle Aspekte zu ihrer Verfügung und ist damit frei von ihren Trieben.[95] Dieses Phlegma ist geradezu unverzichtbar für Kants Moralphilosophie, um ein frei handelndes Subjekt zu sein. Nach Larrimore wird es also unmöglich, Moralität und Rassismus als unverbunden zu betrachten. Die Temperamente sind damit als Brückenkonstruktion zu verstehen, die Natur und Freiheit verbinden.

3.3. Hintergründe zur Rassentheorie

Als Kant 1775 den Aufsatz herausgibt *„Von den verschiedenen Racen der Menschen"*, die als erste rassentheoretische Schrift zu bezeichnen ist, soll sie die bevorstehende Vorlesungsreihe *„Philosophische Geographie"* betreffend des Themas „Race" ankündigen, nach Meinungen vieler Kantinterpreten. Sie ist nach John H. Zammito eine außerordentlich wichtige Schrift. „I mean to suggest that the essay on race was a highly strategic intervention on Kants part, and to show what was at stake."[96] Kant der zu dieser Zeit bereits über Königsberg hinaus als „ordentlicher" Professor bekannt ist, hat seine Bekanntheit vor allem der Arbeit *„Beobachtungen über das Gefühl des*

---

94   Ebd. 285. Siehe auch: Natalie Brender, "*Precarious Positions: Aspects of Kantian Moral Agency*," PhD. dissertation, Johns Hopkins, 1997.

95   Mark Larrimore: *Sublime Waste*. 1991, 122.

96   John H. Zammito: *Policing Polygeneticism in Germany, 1775*. Albany 2006, 36.

Schönen und Erhabenen" zu verdanken. Damit bekommt er ein fixes Salär und er hält Vorlesungsreihen zur „Anthropologie", die er 1772 inauguriert und die „Philosophische Enzyklopädie", die er bereits seit 1767 vorträgt. Kant hat es daher nicht nötig, Werbung für eine Vorlesungsreihe zu machen. Es gibt also einen anderen Grund dafür.

„Kant hated storm and stress."[97] Kant hasst nach Maßgabe des Autors die „Sturm und Drangbewegung", weil sie, aus seiner Sicht, die Exaktheit der Philosophischen Wissenschaft gefährdet. Zu erwähnen ist indes, dass die Bewegung, zu dieser Zeit, noch nicht den Namen trägt; den erhielt sie erst durch die Komödie „*Sturm und Drang*" aus dem Jahr 1777, die geschrieben wird von Friedrich Maximilian Klinger. Die Anfänge zeigen sich bereits 1750 bei Friedrich Gottlieb Klopstocks „Oden". Die Vernunftherrschaft ist zu überwinden und die Gefühle sind zu entfesseln. Die Protagonisten, die Kant hier im Auge hat, nach Zammito, sind Johann Gottfried Herder, Voltaire, David Hume, Lord Kames, Ernst Platner und Christoph Meiners. Kant ist aber auch besorgt, um seine Stellung als ordentlicher Professor, besonders in den beginnenden 1770er Jahren. Er unterbricht daher seine Arbeit an der „*Kritik der reinen Vernunft*", wohl bereits ahnend, dass dieses Werk einen außerordentliche Eindruck in der Philosophie hinterlassen und auch seine Stellung im Wissenschaftsbetrieb verbessern konnte. Wie aber bereits erwähnt, ist Kant überzeugt, mit der „Physischen Geographie", eine neue Disziplin zu begründen.

Überhaupt ist die deutsche Philosophie in einem Umbruch in diesen Jahren, auch deshalb, weil die Popularphilosophie, deren Gegner Kant ist, unter der Herrschaft von Johann Feder und Christoph Meiners, beginnt, sich gegen die

---

97   Ebd. S 37.

wolffsche Schulphilosophie zu etablieren.[98] Auch Platner bekämpft er, da dieser eine vollständig andere Anthropologie als Kant verfolgt. In einem Brief an Marcus Herz, Ende 1773 schreibt er:

> Ich habe die recension der platnerschen anthropologie gelesen. Ich hätte zwar nicht von selbst auf den recensenten gerathen ietzt aber vergnügt mich der darinn hervorblickende Fortgang seiner Geschicklichkeit. ... Die Absicht die ich habe ist durch dieselbe die Qvellen aller Wissenschaften die der Sitten der Geschiklichkeit des Umganges der Methode Menschen zu bilden u. zu regiren mithin alles Praktischen zu eröffnen. Da suche ich alsdenn mehr Phänomena u. ihre Gesetze als die erste Gründe der Möglichkeit der modification der menschlichen Natur überhaupt. Daher die subtile u. in meinen Augen auf ewig vergebliche Untersuchung über die Art wie die organe des Korper mit den Gedanken in Verbindung stehen ganz wegfällt (Br 10, 145-23).

Mit diesem Zitat zeigt sich Kants anthropologischer Ansatz, wie er ihn in der *„Anthropologie in pragmatischer Hinsicht"* festlegt. Es geht ihm darum, zu unterscheiden zwischen physiologischer und pragmatischer Anthropologie.

> Die physiologische Menschenkenntniß geht auf die Erforschung dessen, was die Natur aus dem Menschen macht, die pragmatische auf das, was er als freihandelndes Wesen aus sich selber macht, oder machen kann und soll. - Wer den Naturursachen nachgrübelt, worauf z.B. das Erinnerungsvermögen beruhen möge, kann über die im Gehirn zurückbleibenden Spuren von eindrücken, welche die erlittenen Empfindungen hinterlassen, hin und her (nach dem Cartesius) vernünfteln; ... (Anth 07, 119-11).

Nicht die Hintergründe der Natur interessieren Kant, sondern was macht den Menschen aus, hinsichtlich seiner Herkunft der Natur und dasjenige, was der Mensch aus sich selbst machen kann und soll. Was zumindest aus der Sicht

---

98   John H. Zammito: *Policing Polygeneticism in Germany, 1775*. Albany 2006, 38. Vgl. Siehe Reinhard Brandt, *„Feder und Kant"*. Kant-Studien 80 (1989) S 249-264.

Zammitos von noch größerer Wichtigkeit ist, wie das Verhältnis der beiden Gesichtspunkte zueinanderpasst. Ist es möglich, dass die Natur des Menschen den kategorischen Imperativ aushebelt? „If character could overcome temperament, could the categorical imperative annul "race" difference? That is, can we discern here a radical significance for the blatant disjunction between Kants transcendental philosophy and his anthropology?"[99]

Von eminenter Relevanz ist auch die polygenetische Strömung in Europa, vertreten durch Voltaire, Hume und Lord Kames (Letzter kann als ein Katalysator für eine moderne Rassentheorie betrachtet werden)[100], die an eine getrennte Herkunft der Menschen glauben und dabei aber, aufgrund ihres Materialismus und Atheismus, jede praktisch-metaphysische Intention eliminieren. Eine Teleologie der Natur wird damit verunmöglicht und dagegen wendet sich Kant.

3.4. Zentrale Themen der Rassentheorie

Neben Kant, der im Aufsatz *„Von den verschiedenen Racen der Menschen"*, aus 1775, seine Terminologie festlegt, favorisieren Rousseau und Diderot die Monogenese, die an der Einheit der Menschengattung sich orientiert. Die Enzyklopädisten unterteilen in weiße und schwarze Rassen sowie die Völker Amerikas; Rousseau lehnt dagegen jeden Rassenbegriff ab, weil Rasse auf eine unvermischte Gruppe von Menschen hindeutet. Dies sei aber in keiner Weise zu denken und daher lehnt er diese Implikation ab, weil er von einem „Durcheinander des Menschengeschlechts" ausgeht.[101]

---

99   John H. Zammito: *Policing Polygeneticism in Germany, 1775*. Albany 2006, 39.
100 Mark Larrimore: *Sublime Waste*. 1991, 101.
101 Gudrun Hentges: *Schattenseiten der Aufklärung*. Schwalbach/Ts. 1999, 209.

Kants Essay ist gleichzeitig eine Gegenüberstellung von Buffons natürlicher Artenbildung, im Gegensatz zur logischen Klassifizierung von Linné und ebenso eine Verteidigung der Monogenese, also der einheitlichen Herkunft der Menschen, die, allerdings in der Korrektur des Aufsatzes von 1777, etwas verwischt wird. Ein bereits zentraler Punkt, der sich auch bis zum Nationalsozialismus hinziehen wird ist die Tatsache der Unveränderbarkeit der Rassen und ihre Degeneration, wie das auch Bernasconi feststellt. „Race" could only be defined in natural history as a real 'degeneration' within a fixed, permanent species."[102]

Gleich zu Beginn des Aufsatzes zeigt Kant, auf wen er sich hauptsächlich in der Sache berufen will. Er ist der Ansicht, dass die „buffonsche Regel", die George-Louis Leclerc de Buffon aufstellt, die Grundbedingung für die Einteilung nach Gattungen ist. Sie geht davon aus, dass nur die Lebewesen, die zu ein und derselben Gattung gehören, miteinander fruchtbare Nachkommen zeugen können. Aber auch Johann Friedrich Blumenbach, Begründer der physischen Anthropologie,[103] den Kant in seiner Schrift nicht zitiert, vermutlich weil er ihn noch nicht kennt, wird für Kant, später, ein Ideenlieferant mit dem Unterschied, sich nie für eine Hierarchisierung der Rassen ausgesprochen zu haben.[104] Die Theorie der Monogenese war für alle drei Denker verbindlich.

Buffon selbst operiert mit unterschiedlichen Begriffen, die oft nicht zugeordnet werden können, wie Eberhard August Wilhelm Zimmermann (1743-1815) beklagt. Bei Buffon ist es so, dass man „zuweilen gar nicht weiß, ob er von Arten (species) oder von Geschlechtern redet". Auch die

---

102 John H. Zammito: *Policing Polygeneticism in Germany, 1775*. Albany 2006, 41.

103 Norbert Klatt: *Kleine Beiträge zur Blumenbach-Forschung. Bd. 3*. Göttingen 2010, 7.

104 Ebd. 14.

Übersetzung von „*Histoire naturelle*" gibt viel Anlass zur Verwirrung, in dem der Begriff Rasse manchmal mit Gattung gleichgesetzt wird. Dabei unterscheidet er noch in Arten und Varietäten. Kant will sich der Problematik stellen, aber gänzlich gelingt ihm das erst 1785 mit dem Aufsatz „*Die Bestimmung des Begriffs einer Menschenrace*". „Der Begriff einer Race ist also: der Klassenunterschied der Thiere eines und desselben Stammes, so fern er unausbleiblich erblich ist" (BeM 08, 100-7).

Kant beginnt vorerst zu unterscheiden in Schulgattungen, die sich mit den phänotypischen Unterschieden der menschlichen Gattung beschäftigen, und Naturgattungen, welche sich mit den biologischen Gemeinsamkeiten, in Hinsicht der Nachkommen, auseinandersetzen. Weil sich Menschen unterschiedlichen Geschlechts und Rasse fortpflanzen können, gehören sie einer Naturgattung an, die deshalb eine Einheit herstellt. Da Menschen aber unterschiedliche Charaktere haben, die Vielfalt hervorbringt, handelt es sich hierbei um eine Schulgattung. Er kann damit einen möglichen Widerspruch lösen: „Er vereint den Gedanken der Einheit (der Naturgattung) mit dem der Mannigfaltigkeit (der Schulgattung), den der Gleichheit mit dem der Differenz. Die Voraussetzungen für die Entwicklung des modernen Rassenbegriffs sind hiermit gewährleistet."[105]

Im Anschluss an diese Unterscheidung beginnt er die Begriffe klar zu vergeben. Eine Tiergattung, die einen gemeinschaftlichen Stamm hat, subsumiert unter sich *Abartungen*, vorausgesetzt die Abweichungen sind erblich. Vermischen sich solche Abartungen, werden *halbschlächtige Jungen* erzeugt und das nennt man Rassen, die wiederum das Unterscheidende ihrer Abartung beinhalten also nacharten. Innerhalb der Rasse sind die Vermischungen, die beständig nacharten, also die Unterscheidungen dauerhaft weitergeben, Spielarten zu nennen, wie sich das bei den Weißen in der

---

105 Gudrun Hentges: *Schattenseiten der Aufklärung*. Schwalbach/Ts. 1999, 211.

Haarfarbe der Blonden und Brünetten zeigt. Der „Schlag" (Menschenschlag) wird hervorgebracht durch die Umwelt, in der die Menschen leben und zeigt sich in Proportion der Gliedmaßen oder im Naturell. Verändern sich die Umgebungsbedingungen, so verschwinden auch die Merkmale des Schlags. Varietäten sind normalerweise nicht beständig in ihrer Vererbung, können aber durch Ehen, innerhalb einer Familie, einen Familienschlag hervorbringen, der einer Spielart nahekommt und eine gewisse Dauerhaftigkeit hervorbringt, die Kant in einem bestimmten venezianischen Adel verortet. Kants Rassenaufteilung in der Schrift „*Von den verschiedenen Racen ...*" sieht wie folgt aus:

> Auf diese Weise sind Neger und Weiße zwar nicht verschiedene Arten von Menschen (denn sie gehören vermuthlich zu einem Stamme), aber doch zwei verschiedene Racen: weil jede derselben sich in allen Landstrichen perpetuirt, und beide mit einander nothwendig halbschlächtige Kinder Blendlinge (Mulatten) erzeugen. Dagegen sind Blonde und Brunette nicht verschiedene Racen der Weißen, weil ein blonder Mann von einer brunetten Frau auch lauter blonde Kinder haben kann, obgleich jede dieser Abartungen sich bei allen Verpflanzungen lange Zeugungen hindurch erhält. Daher sind sie Spielarten der Weißen (VvRM 02, 430-29).

Die Ausartung, die in diesem Aufsatz noch kein Thema ist, wird thematisiert im folgenden Essay „*Über den Gebrauch teleologischer Prinzipien in der Philosophie*", von 1788. Die Nachkommen werden als halbschlächtig, Bastard, Mittelschlag oder Blendlingsart bezeichnet und sind eine Vermischung der ursprünglicheren Rassen (ÜGTP 08, 171-12f). Aber auch die klimatische Veränderung der Rasse, durch Umsiedlung in eine andere Klimazone, führt zur Ausartung. „Die am Gambia in Neger ausgeartet sein sollende Portugiesen sind Abkömmlinge von Weißen, die sich mit Schwarzen verbastert haben ..." (BeM 08, 105-8, siehe auch PG 09, 312-2; 317-23). Zusammengefasst kann man sagen, Kant betrachtet die „Gründung verschiedener Racen" (VvRM 02, 441-26) als „Abartung", die „Vermischung der Stämme" (VvRM 02, 430-15) als Ausartung. Einer Rassenvermischung, wie es Maupertuis vorschlägt, erteilt Kant eine Absage in einer frühen Form von Eugenik.[106]

> Auf der Möglichkeit, durch sorgfältige Aussonderung der ausartenden Geburten von den einschlagenden endlich einen dauerhaften Familienschlag zu errichten, beruhte die Meinung des Herrn von Maupertuis: einen von Natur edlen Schlag Menschen in irgend einer Provinz zu ziehen, worin Verstand, Tüchtigkeit und Rechtschaffenheit erblich wären. Ein Anschlag, der meiner Meinung nach an sich selbst zwar thunlich, aber durch die weisere Natur ganz wohl verhindert ist, weil eben in der Vermengung des Bösen mit dem Guten die großen Triebfedern liegen, welche die schlafenden Kräfte der Menschheit in Spiel setzen und sie nöthigen, alle ihre Talente zu entwickeln und sich der Vollkommenheit ihrer Bestimmung zu nähern (VvRM 02, 431-22).

Die jeweilige Rasse zu verbessern, läuft gegen die Entwicklung der Natur und würde keinen Erfolg haben, da sie teleologisch immer daraufhin ausgerichtet ist, ihre Vollkommenheit, in Hinsicht auf die weiße Rasse, zu erreichen, wie wir noch sehen werden. Fatal wird diese Argumentation im Hinblick auf die Massenvernichtung von Juden durch die NS-Schergen, die sich solcher Begründungen bedienen. Lässt man die Natur gewähren, so bringt sie immer Völker hervor, die kenntlich gemacht sind, sie braucht keine Unterstützung. „In other words, to avoid race mixing was merely to act in conformity with nature."[107] In der „*Anthropologie in pragmatischer Hinsicht*" wiederholt er diesen Standpunkt (Anth 07, 320-24).

In der Folge werden vier Rassen dargestellt:

---

[106] Robert Bernasconi: *Kant as an Unfamiliar Source of Racism*. Oxford 2002, 156.
[107] Ebd. 157.

> Ich glaube, man habe nur nöthig, vier Racen derselben anzunehmen, um alle dem ersten Blick kenntliche und sich perpetuirende Unterschiede davon ableiten zu können. Sie sind 1) die Race der Weißen, 2) die Negerrace, 3) die hunnische (mungalische oder kalmuckische) Race, 4) die hinduische oder hindistanische Race (VvRM 02, 432-3).

Am Schluss des Essays ändert er jedoch die Reihenfolge und bringt die Rassen mit den bereits behandelten Temperamenten in Korrelation. Was jedoch außerordentlich wichtig ist, auch für sein naturmetaphysisches Verständnis, ist die Tatsache der Stammgattung, die sich auf die Weißen von brünetter Haarfarbe bezieht. Die erste Abartung, also Rasse, ist demnach die hochblonde Rasse der Europäer von feuchter Kälte, wie Kant sich das folgendermaßen vorstellt:

> Weiße von brünetter Farbe.
> Erste Race, Hochblonde (Nordl. Eur.) von feuchter Kälte.
> Zweite Race, Kupferrothe (Amerik.) von trockner Kälte.
> Dritte Race, Schwarze (Senegambia) von feuchter Hitze.
> Vierte Race, Olivengelbe (Indianer) von trockner Hitze. (VvRM 02, 441-21)

Bemerkenswert ist, dass Kant in der Originalschrift von 1775, die Akademieausgabe beinhaltet die Ausgabe von 1777, die Rassen noch anders einteilt. 1. Die weiße Rasse, 2. Die negride Rasse 3. Die Hunnenrasse (Mongolen und Kalmücken) und 4. Die Hindurasse. Da Russen und Mongolen keine einheitlichen Halbschlächtigen ergeben, so Adickes, gerät Kants Theorie in Gefahr und aus diesem Grund rückt er von seiner ersten Einteilung ab und präsentiert eine Neue. Aber auch in der Angelegenheit der Weißen ändert er seine Ansichten. Diese waren für ihn sehr nahe an der Originalrasse, die ursprünglich aus Asien stammt und zwar zwischen dem 31sten und 52sten Breitengrad entstand.[108]

Im starken Kontrast zeigen sich nun die bedauernswerten Menschen, die außerhalb dieser Zone leben müssen, aus Gründen der Theodizee und werden damit auch hierarchisch und keineswegs strukturell eingeteilt. Wer von Vollkommenheit spricht und gleichzeitig einer Gruppe von Menschen ein geringeres Maß zuspricht, teilt nicht ein, sondern unterteilt Zur Untermauerung der These einer fortschrittlichen, strukturellen Einteilung, wird gerne folgendes Zitat verwendet. Aus der Sicht von Piesche besagt diese Stelle, allein für sich, nichts.

> Nach diesem Begriffe gehören alle Menschen auf der weiten Erde zu einer und derselben Naturgattung, weil sie durchgängig mit einander fruchtbare Kinder zeugen, so große Verschiedenheiten auch sonst in ihrer Gestalt mögen angetroffen werden. Von dieser Einheit der Naturgattung, welche eben so viel ist, als die Einheit der für sie gemeinschaftlich gültigen Zeugungskraft, kann man nur eine einzige natürliche Ursache anführen: nämlich, daß sie alle zu einem einzigen Stamme gehören, woraus sie unerachtet ihrer Verschiedenheiten entsprungen sind, oder doch wenigstens haben entspringen können. Im erstern Falle gehören die Menschen nicht bloß zu einer und derselben Gattung, sondern auch zu einer Familie; ... (VvEM 02, 429-21).

Sie meint dazu „Die Proklamierung dieses Gleichheitsaspekts, im Ursprung der Menschheit, wird immer wieder herangezogen, um Kants - für die weitere Aufklärungsideologie maßgebliches - Rassekonzept als ein neutrales, gar fortschrittliches - und schließlich auch für das postfaschistische 20.

---

108   Vgl. John H. Zammito: *Policing Polygeneticism in Germany, 1775.* Albany 2006, 52. Siehe Adickes, *Kant als Naturforscher*, 416.

Jahrhundert fruchtbar zu machendes - Theorem immer wieder zu tradieren."[109] Die Befürworter einer strukturellen Rassentheorie übersehen dabei die Textstellen, die von einer klaren Rangfolge sprechen. Die Hierarchisierung, welche durch das Klima hervorgerufen wird und sich in der Vollkommenheit bemerkbar macht, zeigt Kant dann hier auf:

> In den heißen Ländern reift der Mensch in allen Stücken früher, erreicht aber nicht die Vollkommenheit der temperirten Zonen. Die Menschheit ist in ihrer größten Vollkommenheit in der Race der Weißen. Die gelben Indianer haben schon ein geringeres Talent. Die Neger sind weit tiefer, und am tiefsten steht ein Theil der amerikanischen Völkerschaften (PG 09, 316-4).

Im Text weiter wird die Faulheit, die Abgötterei und die Drogensucht dieser Bewohner hervorgehoben, besonders derjenigen in Amerika.

> Don Ulloa merkt an, daß in Cartagena in Amerika und in den umliegenden Gegenden die Leute sehr früh klug werden, aber sie wachsen nicht ferner am Verstande in demselben Maße fort. ... Die Erschlaffung ihrer Geister will durch Branntwein, Taback, Opium und andere starke Dinge erweckt werden. Aus der Furchtsamkeit rührt der Aberglaube vornehmlich in Ansehung der Zaubereien her, ingleichen die Eifersucht. Die Furchtsamkeit macht sie, wenn sie Könige hatten, zu sklavischen Unterthanen und bringt in ihnen eine abgöttische Verehrung derselben zuwege, so wie die Trägheit sie dazu bewegt, lieber in Wäldern herumzulaufen und Noth zu leiden, als zur Arbeit durch die Befehle ihrer Herren angehalten zu werden (PG 09, 316-18f).

Die Faulheit der amerikanischen Ureinwohner und ihre Abhängigkeit stellt er im Anschluss den Einwohnern der gemäßigten Zone gegenüber, die aufgrund ihrer Vorzüge die ganze Welt beherrschen dürfen. Kant unterschlägt auch hier,

---

109 Peggy Piesche: *Der „Fortschritt" der Aufklärung - Kants „Race" und die Zentrierung des weißen Subjekts.* Münster 2009, 32.

wie bei den Schwarzen, dass zumindest die Hochkultur des Inkareiches und der Azteken zu seiner Zeit bekannt sind.

> Der Einwohner des gemäßigten Erdstriches, vornehmlich des mittleren Theiles desselben ist schöner an Körper, arbeitsamer, scherzhafter, gemäßigter in seinen Leidenschaften, verständiger als irgend eine andere Gattung der Menschen in der Welt. Daher haben diese Völker zu aller Zeiten die anderen belehrt und durch die Waffen bezwungen. Die Römer, die Griechen, die alten nordischen Völker, Dschingischan, die Türken, Tamerlan, die Europäer nach *Columbus'* Entdeckungen haben alle südlichen Länder durch ihre Künste und Waffen in Erstaunen gesetzt (PG 09, 317-33).

Mit diesem Absatz zeigt Kant der Welt, dass die Kolonisation richtig ist und fortgeführt werden darf, wie Gudrun Hentges das ausführt.[110] Explizit möchte ich darauf hinweisen, dass er mit dieser Aussage die Sklaverei fördert, weil er der Ansicht ist, dass es Rechtens ist, wenn Ureinwohner ihren Herren gehorchen, anstatt „in Wäldern herumlaufen". Unklar, wie die Sklaverei zu verstehen ist, zeigt allerdings folgendes Zitat:

> Denn wenn sein Herr befugt ist, die Kräfte seines Unterthans nach Belieben zu benutzen, so kann er sie auch (wie es mit den Negern auf den Zuckerinseln der Fall ist) erschöpfen bis zum Tode oder der Verzweiflung, und jener hat sich seinem Herrn wirklich als Eigenthum weggegeben; welches unmöglich ist (MS 06, 330-18).

Unklar deshalb, weil es sich hier eigentlich um einen Leibeigenen handelt, der durch eine kriminelle Handlung zu seinem Status kommt und deshalb zu einem „bloßen Werkzeuge der Willkür eines Anderen (entweder des Staats, oder eines anderen Staatsbürgers) gemacht wird (MS 06, 330-2). Ein Sklave ist aber kein Leibeigener und so ist die Textstelle unsicher zu deuten. Bernasconi ist der Ansicht, man könnte es so deuten, dass die Sklaverei damit

---

110   Gudrun Hentges, Grudrun: *Die Erfindung der ‚Rasse' um 1800.* 2004, 59.

ihre Existenzberechtigung verliert oder auch andersrum behaupten, dass man den Sklaven zu Tode bringen darf, während man den Leibeigenen vor dem Tode schützen muss. Betrachtet man allerdings das nachfolgende Zitat, so wird klar, die Sklaverei hat durchaus ihre Berechtigung, weil die Natur das so vorsieht, wenn Kant von geborenen Sklaven spricht.[111]

> ~~Ohne~~ Instinct ohne (g vile) Naturel nimm doch cultur an, obzwar nur durch Zwang. Geborene Sclaven. ~~Instinct und disciplinirung ohne Naturel~~. Der Neger kan disciplinirt und cultivirt, niemals aber ächt civilisirt werden. Er verfällt von selbst in die Wildheit.
>
> Alle racen werden ausgerottet werden (g Amerikaner und Neger können sich nicht selbst regiren. Dienen also nur zu Sclaven), nur nicht die der Weissen (HN 15, 878-14).

Dass die „Neger" sich nicht führen können und wie Kinder sind, zeigt sich sowohl in seinen handschriftlichen Notizen (HN 15, 877-5), als auch in seinen Vorlesungen (V-Anth/Busolt 25, 1187-9). Im Widerspruch zum hier angeführten Zitat steht jenes aus der „*Metaphysik der Sitten*", wonach Landnahme nur durch Vertrag, bei bereits bestehenden Anwohnern, erfolgen darf und jede Gesellschaft das Recht hat, sich selbst zu regieren (MS 06, 353-14). Auch diese Passage ist schwierig zu deuten, wobei das einem stärker werdenden Kosmopolitismus Kants geschuldet sein könnte.

3.4.1 Gründe für die Entstehung der Rasse

Welche Ursachen nimmt Kant an, die zur Abartung führen?

> Es gilt „Allein der Erdstrich vom 31sten bis zum 52sten Grad der Breite in der Alten Welt ... wird mit Recht für denjenigen gehalten, in welchem die glücklichste Mischung der Einflüsse der kältern und heißern Gegenden, und

---

111   Robert Bernasconi: *Kant as an Unfamiliar Source of Racism*. Oxford 2002, 151f.

auch der größte Reichtum an Erdgeschöpfen angetroffen wird; wo auch der Mensch weil er von da aus zu allen Verpflanzungen gleich gut zubereitet ist, am wenigsten von seiner Urbildung abgewichen sein müßte (VvRM 02, 440-34).

Kant beruft sich hier zuerst einmal auf die Klimatheorie von Buffon und Montesquieu und ist ebenfalls der Ansicht, dass sie eine Auswirkung auf die Entstehung der Rassen hat, hier vornehmlich Luft und Sonne, „welche auf die Zeugungskraft innigst einfließen" (VvRM 02, 436-1). Er geht davon aus, dass zwischen dem 31sten und 52sten Breitengrad, die besten Bedingungen für die Menschen vorhanden sind. Jedoch kann er nicht erklären, warum nicht in allen Erdteilen, mit denselben Breitengraden, die gleichen Rassen leben. Also geht er in der Schrift *"Bestimmung des Begriffs einer Menschenrace"*, aus 1785, zusätzlich von einer Theorie der Blutsäfte aus. Die Amerikaner würden durch die kalte Luft Alkali aufnehmen, worauf die im Blut enthaltenen Eisenteilchen die rötliche Hautfarbe hervorbringen. Überhaupt ist das Eisen im Blut, durch die Reaktion von Salzen und Phosphor, dafür verantwortlich, dass sich die Haut färbt. Für die Bewohner des indischen Subkontinents fällt ihm keine wissenschaftliche Begründung ein. Er glaubt, sie sind krank an der Galle und der Leber und haben etwas wie Gelbsucht, die sich auf die Farbe der Haut auswirkt und eine starke Ausdünstung bewirkt. So lässt er sich vom Hörensagen berichten, dass die Indianer alle kalte Schweißhände haben und nicht nur das, auch auf die Lebenskraft, die Kant als halb erloschen bezeichnet, wirkt sich das aus (VvRM 02, 439-13f). Bei den Schwarzen gibt es einen Überfluss an Eisenteilchen, verantwortlich für die dunkle Hautfarbe, die ausgesondert werden müssen durch Ausdünstung, weswegen die Neger auch stinken. Diese kontaminierten Blutsäfte sind offensichtlich aber auch verantwortlich für die Kräfte der Menschen. Die Amerikaner können nur für die Hausarbeit eingesetzt werden, weil sie für die Feldarbeit zu schwach sind. Für diese Zwecke würde man „Neger" benötigen, die aber aufgrund der

„reichlichen Versorgung seines Mutterlandes faul, weichlich und tändelnd ..." sind (VvRM 02, 438-2f). Anscheinend überzeugt diese Theorie Kant selbst noch nicht ausreichend und so stützt er sich zehn Jahre später vor allem auf das „Phlogiston", das von Stahl (1660-1734) postuliert wird. „Man weiß nämlich jetzt: daß das Menschenblut bloß dadurch, daß es mit Phlogiston überladen wird, schwarz werde ..." (BeM 08, 103-7). Zusätzlich denkt Kant, die Weißen hätten sehr wenig von diesem Stoff und die Schwarzen eben sehr viel. Da bei den Weißen der Abtransport des Phlogistons über die Lunge geschieht, könnten sie nicht in Ländern der Schwarzen leben, weil die Luft dort zu stark von diesem Element durchflutet ist.[112] Einen Einwand formuliert Johann Daniel Metzger, der auch bei Grönländern das Phlogiston verortet und diese seien doch nicht schwarz, wie er bemerkt.[113] Aber er unterliegt dem gleichen Irrtum wie Kant bezüglich des Phlogistons. Dieses Element soll für den Verbrennungsprozess zuständig sein und es wird um so mehr davon produziert, desto heftiger die Verbrennung stattfindet. In der Zwischenzeit hat jedoch Lavoisier 1774 die Phlogiston Theorie widerlegt, indem er nachwies, dass Sauerstoff für die Verbrennung zuständig ist.[114]

Kant ist aber der Überzeugung, dass die Hautfarbe ein wesentliches Kriterium für die Unterscheidung der Menschen ist, um genauer zu sein, für die Unterscheidung des Charakters, wie er betont:

> „Merkwürdig ist: daß diese Charaktere sich erstlich darum zur Klasseneintheilung der Menschengattung vorzüglich zu schicken scheinen, weil jede dieser Klassen in Ansehung ihres Aufenthalts so ziemlich isolirt (d. i. von den übrigen abgesondert, ...

---

[112] Gudrun Hentges, Grudrun: *Die Erfindung der ‚Rasse' um 1800.* 2004, 56.

[113] Norbert Klatt: *Kleine Beiträge zur Blumenbach-Forschung. Bd. 3.* Göttingen 2010, 77.

[114] Gudrun Hentges, Grudrun: *Die Erfindung der ‚Rasse' um 1800.* 2004, 55.

> Der zweite Grund, weswegen dieser Charakter sich vorzüglich zur Klasseneintheilung schickt, obgleich ein Farbenunterschied manchem sehr unbedeutend vorkommen möchte, ist: daß die Absonderung durch Ausdünstung das wichtigste Stück der Vorsorge der Natur sein muß, ...
>
> und daß die Haut, als Organ jener Absonderung betrachtet, die Spur dieser Verschiedenheit des Naturcharakters an sich trägt, welche zur Eintheilung der Menschengattung in sichtbarlich verschiedene Klassen berechtigt (BeM 08, 93-9f).

Die wichtigste Unterscheidung für die Menschheit ist also Absonderung durch Ausdünstung, die sich in der Hautfarbe präsentiert und damit wird die Hierarchie abgesichert, die er zehn Jahre zuvor etabliert.

> Weil die Farbe der Menschen durch alle Schattirungen der gelben, braunen und dunkelbraunen endlich in dem heißen Erdstriche zur schwarzen wird: so ist wohl zu sehen, daß die Hitze des Klimas Ursache davon sei. Es ist aber gewiß, daß eine große Reihe von Generationen dazu gehört hat, damit sie eingeartet und nun erblich werde (PG 09, 314-3).

Das allein genügt Kant noch nicht. Für ihn ist die Hautfarbe aber nicht nur das äußere Merkmal, sondern ist Ausdruck der Innerlichkeit, wie sich das auch am Begriff „Charakter" bereits zeigt und wie er hier näher ausführt. „Denn die Natur hat einem jeden Stamm seinen Charakter ursprünglich in Beziehung auf sein Klima und zur Angemessenheit mit demselben gegeben" (BeM 08, 98-27). Einen späteren Beweis führt Kant an, in der *„Anthropologie in pragmatischer Hinsicht"*, dessen Zweiter Teil lautet: „Die anthropologische Charakteristik. Von der Art, das Innere des Menschen aus dem Äußeren zu erkennen." Hentges bringt das auf den Punkt. „Kant stellt in dieser Weise einen Zusammenhang zwischen der physiologischen und der psychologischen Anthropologie her: Die phänotypischen Merkmale, insbesondere die

Hautfarbe, verweisen auf psychische Dispositionen."[115] Für Kant ist klar, die Weißen sind am nächsten der Stammgattung, da bei Ihnen die Säfte am ausgewogensten vorhanden sind und daher keine Hautverfärbung auftritt. Ein zusätzlicher Aspekt, der für die folgenden Jahrhunderte noch fatal sein wird, so George Mosse, ist die Tatsache der „Unveränderbarkeit und Konstanz der Rasse"[116].

> Die Europäer, die in dem heißen Erdgürtel wohnen, werden nach vielen Generationen nicht Neger, sondern behalten ihre europäische Gestalt und Farbe. Die Portugiesen am Capo Verde, die in 200 Jahren in Neger verwandelt sein sollen, sind Mulatten. Die Neger, wenn sie sich nur nicht mit weißfarbigen Menschen vermischen, bleiben selbst in Virginien durch viele Generationen Neger (PG 09, 313-1).

Das bedeutet vor allem im Hinblick auf das Telos des Menschen, das in der Vollkommenheit desselben liegt, dass eine Rassenvermischung zu vermeiden ist, wie das Kant auch noch ausführen wird, dazu jedoch später.

Der beste Menschentypus, wie bereits belegt, findet sich zwischen dem 31. und 52. Breitengrand und so verwundert es nicht, dass besonders die Deutschen zu den Größten und Schönsten zählen, wie sich das bereits am Beispiel des Schönen und Erhabenen zeigte. So spricht Kant in der *„Physischen Geographie"*: „In der Parallele, die, durch Deutschland gezogen, um den ganzen Erdkreis läuft, und einige Grade diesseits und jenseits sind vielleicht die größten und schönsten Leute des festen Landes" (PG 09, 311-

---

115   Gudrun Hentges, Grudrun: *Die Erfindung der ‚Rasse' um 1800.* 2004, 57.

116   George Mosse: *Die Geschichte des Rassismus in Europa.* Frankfurt/Main 2006, 55. Robert Bernasconi schließt sich der Aussage an und verweist außerdem noch auf die Auswirkungen des Nationalsozialismus. Robert Bernasconi: *Kant as an Unfamiliar Source of Racism.* Oxford 2002, 147.

21). Es zeigt sich hier besonders, dass er noch dem Schönheitsideal der Renaissance verpflichtet ist.

Neben der Absonderung durch Ausdünstung und dem Phlogiston, gibt es die ursprünglichste Begründung für die Entstehung der Rassen, die Kant bereits 1775 als *Keime* bezeichnet und den Menschenrassen zugrunde liegen. Sie selbst sind nur in der Natur begründet und weisen somit teleologischen Charakter auf. „The quality of air and sunlight stimulate the ‚generative power' of the species to develop one or other of the Keime, ‚that is, to found a race'[117] (VvRM 02, 435-7f). Die Folge davon ist, „no further racial change is possible"[118] (VvRM 02, 442-7). Diese Keime sind ausschlaggebend für eine Kontroverse um die Rassen, die vor allem Blumenbach und Metzger angreifen, aber auch Foerster, Soemmering, Herder und Meiner stellten sich der Rassendebatte, wenngleich aus anderen Gründen.

Nach Abschluss der Untersuchung, mit einem Vorgriff auf die Keimtheorie, kann man Susan Shell zustimmen, in ihrer Einsicht: „The concept of 'race' is itself a 'hybrid' of empirical observation and determinate, a priori principle."[119] Zu ergänzen sind aber noch die weniger schmeichelhaften Vorwürfe von Firla, Hentges und Stangneth, wonach Kant übernommene Vorurteile, unreflektiert, wiedergibt.

117	Mark Larrimore: *Sublime Waste*. 1991, 103.
118	Ebd. 103.
119	Susan Shell: *Kants Conception of a Human Race*: Albany 2006, 58.

3.5. Der Streit um den Rassenbegriff und ihre Protagonisten

Die Keime sind für Kant die teleologische Begründung, warum sich überhaupt Rassen entwickeln. Susan Shell sieht in dieser These eine Epigenese begründet,[120] das bedeutet, dass eine Herausbildung neuer Strukturen - wie die Farbe der Mulatten, die entstanden ist aus der Vermischung von Weißen und Schwarzen - ohne Anlagen im Ei oder im Samen angelegt sind. Die Eigenschaften entstehen im Individualisierungsprozess. Bernasconi hingegen sieht bei Kant die Präformationstheorie am Werk, die geschuldet ist dem Werk Albrecht von Haller, ausgehend von der Idee, dass der gesamte Organismus bereits im Keim angelegt ist.

> Die in der Natur eines organischen Körpers (Gewächses oder Thieres) liegenden Gründe einer bestimmten Auswickelung heißen, wenn diese Auswickelung besondere Theile betrifft, Keime; betrifft sie aber nur die Größe oder das Verhältniß der Theile untereinander, so nenne ich sie natürliche Anlagen. (VvRM 02, 434 -5).

Blumenbach wendet sich gegen die Keimtheorie, da er der Ansicht ist, die Entstehung der Mulatten lasse sich nicht durch eine Keimtheorie erklären, weil diese „Rasse" nicht angelegt ist. Kant verwendet aber sein Beispiel mit den Mulatten gegen die Vertreter der Polygenese.[121] „Der Ostindianer giebt durch Vermischung mit dem Weißen den gelben Mestizen, wie der Amerikaner mit demselben den rothen und der Weiße mit dem Neger den Mulatten, der Amerikaner mit eben demselben den Kabugl oder den schwarzen Karaiben: ..." (VvRM 02, 433-34).

---

120   Ebd. 58.
121   Robert Bernasconi: *Kant and Blumenbach's Polyps*. Albany 2006, 77.

Für Kant wird allerdings die „Fürsorge der Natur", wie bereits zitiert (VvRM 02, 434-16), problematisch, weil er damit das Problem der Theodizee heraufbeschwört. Die Frage lautet, warum kann es einem Gott gefallen, Menschen in einen Erdteil zu versetzen, der es ihnen nicht ermöglicht, die gleichen Voraussetzungen zu haben, wie Menschen zwischen dem 31sten und 52sten Grad?

Diese Auseinandersetzung soll ihrem Verlauf nach dargestellt werden, weil sie auch ein erhellendes Licht wirft auf die Vorstellungen der Rasse im ausgehenden 18. Jahrhundert. Sie ist auch deshalb so besonders, weil fast immer Kant darin verwickelt ist oder zumindest darin kritisiert wird. Besonders aufschlussreich sind die Studien von Robert Klatt zur Blumenbach-Forschung, die sich ausgiebig damit auseinandersetzen.

3.5.1 Johann Friedrich Blumenbach

Der Rassebegriff ist im späten 18. Jahrhundert vorwiegend beschränkt auf die Philosophie, Medizin und Naturgeschichte. Es steht aber nicht die Begriffsbestimmung im Mittelpunkt, sondern die Frage, welche Disziplin die Deutungshoheit darüber erhält. Das ist nach Klatt der Grund, „weshalb die naturhistorischen Konzepte zu dem, was ‚Rasse' genannt wird, damals nicht zu einer konsensfähigen Ausformulierung gelangten."[122] So lehnt Johann Gottfried Herder (1744-1803) den Rassenbegriff ab, vermutlich aus den gleichen Gründen wie Rousseau, weil er auf eine getrennte Herkunft schließen lässt. Dieser Einwand, formuliert in *„Ideen zur Philosophie der Geschichte der Menschheit"*, richtet sich unter anderem auch gegen Kants Einteilung der Rassen, wie weiter oben beschrieben. Johann Daniel Metzger (1739-1805) verteidigt ebenfalls Herders Position gegenüber Kant. Buffon, wie bereits

---

[122] Norbert Klatt: *Kleine Beiträge zur Blumenbach-Forschung. Bd. 3.* Göttingen 2010, 11.

festgestellt, ist sich nicht im Klaren darüber, ob er von Varietät, Art oder Rasse sprechen soll. Auch Georg Forster (1754-1794) plagen die gleichen Sorgen und so verzichtet auch Blumenbach, unter dessen Einfluss, zeitweilig auf den Rassebegriff, weil es für ihn vorrangig um die Einheit der Menschengattung geht. Wenn er von „Classe" spricht, bedient er sich der Terminologie von Carl von Linné und wenn er von „Race" und „Varietät" spricht, verweist er auf Buffon. Erst ab 1791 hält Blumenbach am Begriff „Rasse" bis zu seinem Tode fest. Wilhelm Josephi (1763-1845) in seinem Werk „*Grundriss der Naturgeschichte des Menschen*", von 1790, spricht dann wieder von Stämmen und Racen.[123] Der Rassenbegriff, mit Ausnahme von Blumenbachs Definition ab 1791, ist noch nicht klar definiert und wird uneinheitlich verwendet, wie bereits untersucht. Ganz anders dagegen Kants Rassebegriff, der ein Abgrenzungsbegriff ist. Was als Rasse zu gelten hat, muss sich durch die „buffonsche Regel" bewähren. Damit eine Gattung nicht willkürlich ausartet, also „Bastarde" hervorbringt, nimmt Kant ausschließende Anlagen und Keime an.

> Eine Varietät ist die erbliche Eigenthümlichkeit, die nicht klassisch ist, weil sie sich nicht unausbleiblich fortpflanzt; denn eine solche Beharrlichkeit des erblichen Charakters wird erfordert, um selbst für die Naturbeschreibung nur zur Classeneintheilung zu berechtigen. ... Also würde in der Naturgeschichte Gattung und Species einerlei, nämlich die nicht mit einem gemeinschaftlichen Abstamme vereinbare Erbeigenthümlichkeit, bedeuten. Diejenige aber, die damit zusammen bestehen kann, ist entweder nothwendig erblich, oder nicht. Im erstern Fall macht es den Charakter der Race, im andern der Varietät aus (ÜGTP 08, 165-14).

Was nun unausbleiblich, notwendig anerbt, ist für Kant die Hautfarbe, die als alleiniges Kriterium seinen wissenschaftlichen Ansprüchen genügt.

---

[123] Ebd. 12f.

Blumenbach, der die Farbe 1775 als Unterscheidungsmerkmal ablehnt, übernimmt sie zwanzig Jahre später als Distinktionsmerkmal. Bernasconi dazu:

> „ ... although in 1775 Blumenbach had dismissed color as an indicator of human varieties, on the grounds that so many additional factors contribute to the differences some twenty years later, with specific references to Kants 1785 and 1788 essays on race, he granted that color is the most constant character of the human varieties."[124]

Blumenbach, der im Gegensatz zu Kant eine akademische Bilderbuchkarriere aufzuweisen hat, übernimmt 1797, die Unterscheidung von Kants „Rasse" und „Varietät". „Blumenbach's shift in the direction of Kants concept of race went further in the 1797 edition of the *Handbuch der Naturgeschichte* than simply adopting the term from him."[125] Die begriffliche Unterscheidung bestreitet Norbert Klatt aufgrund der Übersetzung aus dem Lateinischen, die sich nur aus dem Kontext ergibt. Bei Blumenbach lässt sich nur der Terminus Rasse einwandfrei belegen.[126] Die weiteren Überlegungen sind für Klatt eher spekulativer Natur, er gibt aber zu, dass sich Blumenbach, bezüglich der Hautfarbe, Kant angleicht, um wenig später anzumerken, dass die Termini Rasse und Spielart naheliegen.[127] Ein entscheidender Unterschied zeigt sich in der Variabilität von körperlichen Merkmalen. Während bei Blumenbach körperliche Merkmale einer Rasse vererbbar sind, also unter Umwelteinfluss sich zu verändern beginnen, ist bei Kant die Rasse ein starres Gebilde.

---

124 Robert Bernasconi: *Who invented the concept of Race?* New York 2009, 88.
125 Robert Bernasconi: *Kant and Blumenbach's Polyps.* Albany 2006, 85.
126 Norbert Klatt: *Kleine Beiträge zur Blumenbach-Forschung. Bd. 3.* Göttingen 2010, 32.
127 Ebd. 37. Die Präzisierung von Rasse und Spielarten findet sich auf 48.

Die Negerkreolen in Nordamerika, die Holländer auf Java bleiben ihrer Race getreu. Die Schminke, die die Sonne auf ihrer Haut hinzuthut, eine kühlere Luft aber wieder wegnimmt, muß man nur nicht mit der der Race eigenen Farbe verwechseln; denn jene erbt doch niemals an. Also müssen sich die Keime, die ursprünglich in den Stamm der Menschengattung zu Erzeugung der Racen gelegt waren, schon in der ältesten Zeit nach dem Bedürfniß des Klima, wenn der Aufenthalt lange daurete, entwickelt haben; und nachdem eine dieser Anlagen bei einem Volke entwickelt war, so löschte sie alle übrigen gänzlich aus (BeM 08, 105-19).

Bei Blumenbach würde der Holländer zum Javaner werden, die Rasse besitzt „ ... nach Blumenbach eine Biegsamkeit, die es ihr ermöglicht, sich veränderten Umweltbedingungen anzupassen. Ändert sich der Ort, dann ändert sich auch die Form."[128] Daher glaubt Blumenbach auch nicht an eine Unterscheidung oder gar eine Hierarchisierung. Nach Klatt, hing Blumenbach 1775, in seiner Dissertation, noch der Präformationstheorie an, die an vorgeprägten Keimen festhält, so auch Kant, wie im obigen Zitat dargelegt ist.

Diese Keimtheorie wird zum Ausgangspunkt einer Debatte, die man heute als einen Disput zwischen Epigenese und Präformation bezeichnet. Nach Blumenbach müsste eine weiße Frau, verpaart mit einem Schwarzen, nach der Präformationstheorie entweder ein weißes oder ein schwarzes Kind gebären. Ein gemischtfärbiges Kind wäre also nicht zu erwarten. Tatsache sind aber die „Mulatten". Blumenbach beginnt mit Polypen zu experimentieren, denen er einen Arm amputiert und der daraufhin wieder nachwächst. Das veranlasst ihn, anstatt präformierter Keime, den Bildungstrieb zu etablieren, der aufgrund von Klima, Temperament, Umwelteinflüssen und weiteren Faktoren geformt wird. Die Keimtheorie ist für ihn vom Tisch, vor allem wegen der gemischten Farbe der „Blendlinge". Aber auch Blumenbach denkt an eine Notwendigkeit

---

128   Norbert Klatt: *Kleine Beiträge zur Blumenbach-Forschung. Bd. 3*. Göttingen 2010, 41.

in der Vererbung, die Kants Einfluss geschuldet ist, ohne dessen Starrheit jedoch.[129]

> Daß keine präformirten Keime präexistiren: sondern daß in dem vorher rohen ungebildeten Zeugungsstoff der organisirten Körper, nachdem er zu seiner Bestimmung gelant ist, ein besonderer, dann lebenslang thätiger Trieb rege wird, ihre bestimmte Gestalt anfangs anzunehmen, dann lebenslang zu erhalten, und wenn sie ja etwa verstümmelt worden, wo möglich wieder herzustellen.[130]

Von Interesse dürfte sein, dass Kant in keiner seiner Schriften sich gegen Blumenbach diesbezüglich wendet. Kant lobt sogar den Bildungstrieb eindeutig: „Dieser einsehende Mann legt auch den Bildungstrieb, durch den er so viel Licht in die Lehre der Zeugungen gebracht hat, nicht der unorganischen Materie, sondern nur den Gliedern organisirter Wesen bei" (ÜGTP 08, 180-33). Und weiter Kant: „ ... wozu das Vermögen der Materie (zum Unterschiede von der ihr allgemein beiwohnenden bloß mechanischen Bildungskraft) von ihm in einem organisirten Körper ein (gleichsam unter der höheren Leitung und Anweisung der ersteren stehender) Bildungstrieb genannt wird." Sowohl für Klatt als auch für Bernasconi ist nicht zu verstehen, warum Kant trotzdem an seinen Keimen festhält. Bernasconi urteilt: „Kants scientific incompetence is revealed by the fact that in 1788 he enthusiastically referred to Blumenbach's Bildungstrieb without recognizing the damage it did to his account."[131] Klatt verfolgt hier den Gedanken nicht mehr weiter - wiewohl er andeutet, dass eine Verbindung zwischen dem Bildungstrieb und den Keimen versucht wird herzustellen, vor allem von Christoph Girtanner,

---

129   Ebd. 49.
130   Johann Friedrich Blumenbach: *Über den Bildungstrieb*. Göttingen 1791, 31.
131   Robert Bernasconi: *Kant and Blumenbach's Polyps*. Albany 2006, 74. Siehe auch: Norbert Klatt: *Kleine Beiträge zur Blumenbach-Forschung. Bd. 3*. Göttingen 2010, 62.

mit der Schrift „*Ueber das Kantische Princip für die Naturgeschichte*" - den in erster Linie das Thema Blumenfeld beschäftigt. Bernasconi hingegen nimmt sich Girtanner an, und eröffnet eine These zu Kants Rassentheorie, die davon ausgeht, dass beide Theorien im Grunde nicht allzu verschieden sind. Damit wäre zumindest klar, warum Kant den Bildungstrieb lobte. Trotzdem hätte Kant, aus Gründen der Missverständlichkeit, darauf reagieren müssen.

Von Relevanz ist auch noch der Umstand, dass Kant die Dissertation von Blumenbach nicht kennt, jener jedoch seine Arbeiten sehr wohl und nicht einverstanden ist mit Kants Definition des Albinos:

> Der Charakter der Klassen artet in ungleichartigen Vermischungen unausbleiblich an, und es giebt hievon gar keine Ausnahme; wo man deren aber angeführt findet, da liegt ein Mißverstand zum Grunde, indem man einen Albino oder Kakerlak (beides Mißgeburten) für Weiße gehalten hat (BeM 08, 95-13).

Blumenbach erkannte nämlich die Krankheit, die sich hinter den Symptomen verbarg. Außerdem hätte er ihm nicht zugestimmt beim Begriff Bastard, angewendet auf Menschen, weil er selbst diesen Terminus reserviert für Menschen, die aus einer Vermischung von zwei Gattungen hervorgehen, deren Nachkommen selbst nicht fruchtbar sind.[132] Zu Kants Kenntnis der Schriften von Blumenbach ist noch zu erwähnen, dass Kant erst im Aufsatz, von 1788, „*Ueber den Gebrauch teleologischer Principien in der Philosophie*" Blumenbach erwähnt. Auch in der „*Anthropologie in pragmatischer Hinsicht*" beruft er sich auf den mittlerweile etablierten Anthropologen.

Ein weiterer Gegner ist Georg Forster, Naturhistoriker, der seinen Vater auf den Reisen von Captain Cook, drei Jahre lang, begleitet und ihm bei den

---

132 Norbert Klatt: *Kleine Beiträge zur Blumenbach-Forschung. Bd. 3.* Göttingen 2010, 114f.

Reiseaufzeichnungen assistiert, sowie Johann Daniel Metzger.[133] Geeint werden die drei Männer durch die Ablehnung der Keimtheorie Kants.

3.5.2 Johann Daniel Metzger

Übersehen wird oft Metzger, ein Kollege von Kant und Professor der Medizin, der einen modernen Ansatz vertritt, mit dem Buch „*Ueber die sogenannten Menschenracen*". Er argumentiert polemisch gegen Kant, wird aber Mittelsmann zwischen Kant und Blumenbach, bezüglich des Rassenbegriffs. Metzger fragt sich, warum ausgerechnet die gelben Keime in Indien, die Schwarzen im Senegal usw. sich ausbreiteten.[134] Metzger, der sich schon an den Keimen Kants abarbeitet, kritisiert diesen ebenso, wegen seiner Neigung „Anhänger" und nicht Selbstdenker um sich zu scharen. Außerdem verwirft er den Anspruch der Philosophie, die Grenzen der Medizin zu bestimmen und wirft Kant eine Begriffsverwirrung vor. Kants Rassen sind tatsächlich Gattungen.[135] Für Metzger gibt es weder Keime noch einen Bildungstrieb, der die Gattungen hervorbringt, sondern sie lassen sich zurückführen auf das Klima und das soziokulturelle Umfeld. Dabei zitiert er Herder und ist mit ihm einer Meinung, dass Varietäten zu Unrecht Rassen genannt werden. Kant wirft er vor, dass es ihm „an Zuverläßigkeit fehlt, weil sie mit den Grundsätzen einer geläuterten Physiologie im Widerspruche steht."[136] Trotz der Polemik, die Metzger an den Tag legt, arbeitet er allerdings sauber und klar, in seinen

---

133 Robert Bernasconi: *Who invented the concept of Race?* New York 2009, 85. Siehe auch Pauline Kleingeld: *Kants Second Thoughts on Race*. In: The Philosophical Quarterly. Vol 57/229, 580.

134 Norbert Klatt: *Kleine Beiträge zur Blumenbach-Forschung. Bd. 3*. Göttingen 2010, 57f.

135 Ebd. 67.

136 Ebd. 72.

Gegenargumenten zu Kants Rassentheorie. Er lehnt sich wieder an Herder an, der die Abartungen der Menschenarten, in moderner, neuzeitlicher Manier durch Klima und Gene bestimmt sieht und verweist dabei auf die Epigenese. Für Metzger ist die Theorie Kants unzureichend, vor allem wegen der Thesen über die Keime und auch nicht wissenschaftlich fundierter als die Theorie Voltaires. „Willkürliche angenommene Principien begründen keine sichere Lehre."[137]

3.5.3 Georg Forster

Er besucht nie eine Schule, sondern wird von seinem Vater, einem evangelischen Dompfarrer, unterrichtet. Dabei entwickelt er außerordentliche zeichnerische Fähigkeiten, ein begnadetes Sprachtalent und ein außergewöhnlich naturkundliches Wissen. Diese Begabungen führen schließlich auch dazu, dass er mit seinem Vater, Johann Reinhold Forster, Kapitän Cook ab 1772 mehr als drei Jahre lang an Bord der Resolution, als naturwissenschaftlicher Zeichner begleitet. Die folgende Herausgabe seiner Reisebeschreibung „Reise um die Welt" 1777 und sein Essay „Cook der Entdecker" von 1787, lassen Forster rasch berühmt werden und aufgrund seines genialen Talents wird er 1778 Professor. Er sagt nach der Reise Cooks voraus, „ ... dass niemand mehr fragen könne ‚Wer war James Cook und was tat er?'"[138] Kein Deutscher sieht mehr von der Welt und so wird er eingeladen von den berühmtesten Männern Europas wie König Georg III, Kaiser Joseph II und trifft sich mit Benjamin Franklin, Comte de Buffon, Georg Christoph Lichtenberg, Johann Wolfgang von Goethe, den Humboldt Brüdern und vielen mehr. Seine, aus der Sicht dieser Arbeit, interessante Schlussfolgerung ist die Ansicht,

---

137 Ebd. 76.
138 Georg Forster: *James Cook, der Entdecker*. Frankfurt/Main: 2008, 153.

„ ... 18. daß die Natur des Menschen zwar überall klimatisch verschieden, aber im Ganzen, sowohl der Organisation nach, als in Beziehung auf die Triebe und den Gang ihrer Entwickelung, specifisch dieselbe ist; 19. daß, so wie es kein Volk ohne Sprache, und keine Sprache ohne Vernunft gebt, so auch keinen blos thierischen Stand der Natur; endlich 20. daß eine völlige und absolute Gleichheit unter den Menschen, so wie sie physisch nirgends exsistirt, auch sittlich unmöglich ist."[139]

Forster hegt die Hoffnung auf eine unblutige Kolonisierung des Pazifikraumes und eine Gleichberechtigung der Völker. Allerdings bezweifelte er den unerschütterlichen Fortschrittsglauben Kants, der an einen immerwährenden Sonnenschein, teleologisch, dachte.[140]

Er ist ein entschiedener Gegner in der Sache der Keime Kants, der glaubt einen sicheren Beweis für die Stammes- bzw. Gattungszugehörigkeit von Menschen zu haben, weil sie die Hälfte der Farbe vererben, also bei Schwarzen und Weißen „Mulatten" bilden. Genau das bestreitet Forster. Bernasconi dazu:

> Kant overlooked the fact that Buffon was himself already recognizing exceptions to his rule, just as Kant also ignored the fact that color would not serve as an adequate determinant of race. By positing the existence of seeds or germs (Keime) which the original human beings shared, but which developed to produce skin color under specific climatic conditions, and which once developed were not subject to further modification, Kant recognized he had at his disposal the resources to explain, as Buffon could not, why race characteristics were permanent.[141]

---

139   Georg Forster: *James Cook, der Entdecker*. Frankfurt/Main: 2008, 95.

140   Ebd. 162.

141   Robert Bernasconi: *Kant as an Unfamiliar Source of Racism*. Oxford 2002, 155.

Forster selbst nimmt als Beispiel weiße Familien, die einmal blaue oder braune Augen aufweisen und einmal dem Vater oder der Mutter nacharten. Die moderne Deutung auf die sich Klatt beruft, lautet, manche Merkmale sind dominant, andere rezessiv. In diese Auseinandersetzung mischen sich auch noch zu den bisherigen Protagonisten, Herder und Niebuhr (1733-1815), die aber eigene Konzepte zum Thema „Race" vorlegen. Das Problem, wie bereits behandelt, liegt auch in der uneinheitlichen Verwendung des Rasse-, Varietäten- und Klassebegriffs, wie diese sich bei Linné oder auch Buffon zeigen und ist damit nicht nur ein Problem der Anthropologie, sondern auch der Zoologie und der Botanik. Im weiteren Verlauf jedoch wird „Rasse" fast ausschließlich nur mehr für Menschen verwendet und die Bemühungen Kants sind ein Beispiel dafür, Licht in die Sache zu bringen.[142]

Die Kontroverse um den Rassenbegriff wird besonders heftig durch die Schrift „*Bestimmung des Begriffs einer Menschenrace*", aus 1785. Forster reagiert auf die Schrift Kants mit dem Titel „*Noch etwas über die Menschenraßen*", ohne dessen kritische Philosophie zu kennen, worauf Kant in der gleichen Zeitschrift, im „Teutschen Merkur", mit der Schrift, „*Ueber den Gebrauch teleologischer Principien in der Philosophie*", 1788, antwortet. Obwohl Blumenbach mit seiner Dissertation von 1775 nicht zu übergehen ist und Forster mit Blumenbach ein Verwandtschaftsverhältnis eint, durch eine Heirat, taucht Blumenbachs Name in der Schrift nicht auf. Samuel Thomas Soemmering, Anthropologe, Anatom und Paläontologe, (1755-1830) schreibt die Abhandlung „*Über die körperliche Verschiedenheit des Negers vom Europäer*", in der er die Schwarzen diffamiert, und Professor Blumenbach, der die Arbeit rezensiert, verstimmt, weil die Schlussfolgerungen des Anatomen nicht zu akzeptieren sind. Aus diesem Grund verabsäumt es Forster,

---

142   Norbert Klatt: *Kleine Beiträge zur Blumenbach-Forschung. Bd. 3*. Göttingen 2010, 80f.

Soemmering ist sein Freund, Blumenbach zu erwähnen und stürmt in Unterstützung seines Kollegen gegen Kant, wobei er sich auch versteckt gegen Blumenbach richtet.[143] Forster gibt in seiner Schrift die einheitliche Menschenherkunft auf, indem die „Neger" eine eigenständige Herkunft haben. Forsters Intention ist gegen Blumenbachs Rassenphobie und gegen Kants Keime vorzugehen und Letzteren als Philosophen zu diskreditieren. Forster unterstützt seinen Freund in der Auffassung von zwei Menschenstämmen, obwohl er kein Mediziner oder Anatom ist, wie Klatt bemerkt.[144] Aber er nimmt die neuerliche Schrift Kants zum Anlass, sich näher mit dessen Philosophie zu beschäftigen, wie aus einem Brief an Friedrich Heinrich Jacobi hervorgeht.[145] Von besonderer Bedeutung ist Forsters Ablehnung des „schwarzen" Sklavenhandels und die Zurückweisung der Teleologie, die Kant dann letztendlich zu einer Antwort herausfordert, weil er meint, dass Forster nur ein empiristisches Verständnis aufgrund seiner Reisen aufbringt und Kant ausdrücklich, diese Art der Erkenntnisgewinnung ablehnt, da sie oft zu falschen Schlüssen führt.[146] Dabei stimmt Forster Kant zu, wenn es sich um die Unterscheidung von Mensch und Tier handelt, die er in der Vernunft und in der Sittlichkeit begründet sieht.[147] Ebenso bedient sich Forster des Terminus des „läppischen Naturmenschen"[148] und der Unterscheidung eines gesitteten und rohen Weltteils.[149] Die Feuerländer sind hier das Äquivalent zu Kants

---

143 Ebd. 86f.

144 Ebd. 110f.

145 Ebd. 120.

146 Pauline Kleingeld: *Kants Second Thoughts on Race*. 2007, 581.

147 Georg Forster: *James Cook, der Entdecker*. Frankfurt/Main: 2008, 10.

148 Ebd. 77.

149 Ebd. 49.

„Neger", die „ ... in Trägheit und dumme Fühllosigkeit ganz versunken sind "[150] und die Völker Asiens bleiben ihrer immer gleichen Kultur verhaftet.[151]

3.6 Der teleologische Hintergrund der Rassentheorie

Die Teleologie (grch. τειος Zweck), ursprünglich von Aristoteles eingeführt und von Christian Wolff als Lehre von der Zielgerichtetheit bezeichnet, unterscheidet sich in eine der Natur und eine der Moral sowie des gesamten Geschichtsverlaufs. Die Frage „Wozu" zeigt daher immer auf einen zweckgerichteten Charakter.[152] Kants Verständnis der Teleologie lehnt sich an die Dreiteilung von Wolff an und ist bei ihm als regulative Vernunftsannahme zu verstehen, genauso wie die anderen Ideen Kants: Seele, Welt und Gott. Die Teleologie muss als Grundlage einer Philosophie verstanden werden, ohne der auch eine Theorie der Rasse nicht zu denken ist. Dabei führt Kant die Zweckursache und die Formursache von Aristoteles in ein produzierendes Prinzip über. Wir können die Zwecke nicht erkennen, wie das Aristoteles beschreibt, sondern wir müssen sie annehmen, denn sonst würden wir kein Konzept von „Sein" besitzen. Es geht nicht darum (wie bei Aristoteles) „ ... to what is ‚fine' but only to the survival of the individual and the reproduction oft he species."[153] Was bei Kant schön oder fein ist, bedeutet für ihn „Zweck ohne Zweck", also nur negativ gedachter Zweck, eine Zurschaustellung der Vernunft über die Natur.

---

150   Ebd. 82.

151   Ebd. 106.

152   Wulff D. Rehfus (Hg.): *Handwörterbuch Philosophie*. Göttingen 2003, 641.

153   Susan Shell: *Kants Conception of a Human Race*: In: . In: Eigen, Sara; Larrimore, Mark (Hg.): The German Invention of Race. Albany 2006, 60.

Im Mittelpunkt steht der Mensch als Krone der Schöpfung, der ein teleologisches Vermögen besitzt, nämlich die Vernunft, und daher die Fähigkeit hat, sich Zwecke zu setzen und damit den Willen zu bestimmen.

> Zwecke haben eine gerade Beziehung auf die Vernunft..." und sind entweder „ ... Zwecke der Natur, oder der Freiheit. Daß es in der Natur Zwecke geben müsse, kann kein Mensch a priori einsehen; dagegen er a priori ganz wohl einsehen kann, daß es darin eine Verknüpfung der Ursachen und Wirkungen geben müsse. Folglich ist der Gebrauch des teleologischen Princips in Ansehung der Natur jederzeit empirisch bedingt (ÜGTP 08, 182-12f).

Für Kant werden die Zwecke durch die Vernunft bereitgestellt, und wenn wir sie auch nicht empirisch beweisen können, so werden sie über den Umweg der Kausalität dargelegt.

> Allein die Kritik der praktischen Vernunft zeigt, daß es reine praktische Principien gebe, wodurch die Vernunft a priori bestimmt wird, und die also a priori den Zweck derselben angeben. Wenn also der Gebrauch des teleologischen Princips zu Erklärungen der Natur darum, weil es auf empirische Bedingungen eingeschränkt ist, den Urgrund der zweckmäßigen Verbindung niemals vollständig und für alle Zwecke bestimmt gnug angeben kann: so muß man dieses dagegen von einer reinen Zweckslehre (welche keine andere als die der Freiheit sein kann) erwarten, deren Princip a priori die Beziehung einer Vernunft überhaupt auf das Ganze aller Zwecke enthält und nur praktisch sein kann (ÜGTP 08, 182-25).

Kant will damit sagen, dass die Vernunft durch reine praktische Prinzipien, einen praktischen Zweck erhält, der für ihn „objective Realität" bekommt, obwohl die Zweckmäßigkeit in der Natur nur gedacht werden kann. Für Kant ist die Zweckmäßigkeit der Natur in einer universalen Weltgeschichte erkennbar durch eine regulative teleologische, reflexive Urteilskraft, die gedacht werden muss als notwendige „ ... Ergänzung der Realisierungsmöglichkeit moralisch-praktischer Ideen ...", wie Irrlitz darlegt, als ein „ ... Objekt, das unter transzendentalem Prinzip so gedacht werden kann, dass die praktische Teleologie sich realisieren könne."[154] Die Teleologie der Natur kann als heuristische Einsicht bezeichnet werden, weil die Vernunft nicht umhin kommt, die ganze Physik oder die Menschheitsgeschichte als Totalität zu verstehen; es ist für den Menschen geradezu unvermeidlich, das geschichtliche Werden, als Fortschritt zur Vervollkommnung hin, in moralischer Absicht, zu betrachten.[155] Aus diesem Grund spricht man „ ... von der Weisheit, der Sparsamkeit, der Vorsorge, der Wohlthätigkeit der Natur, ohne dadurch aus ihr ein verständiges Wesen zu machen ..." (KU 05, 383-18). Diese Natur realisiert „ ... ihr Programm im Verlauf der Menscheitsgeschichte" als anthropozentrisch zu verstehen und wird daher auch zur Geschichtsteleologie bzw. Geschichtsphilosophie.[156]

Die Welt, wie sie sich zur Zeit Kants darstellt, ist eine Welt im Übergang, die sich entwickeln soll auf eine zukünftige Menschgattung, worin „alle ursprünglichen Anlagen" (IaG 08, 28-35) entwickelt werden. Kants teleologische Deutung geht soweit, sogar die Meere als völkerverbindend zu betrachten, weil sie Erdteile verbinden (MS 06, 352f). So wird auch seine Intention verständlich, die Teleologie auch für Menschenrassen anzuwenden.

> Es liegen viele Keime in der Menschheit, und nun ist es unsere Sache, die Naturanlagen proportionirlich zu entwickeln und die Menschheit aus ihren Keimen zu entfalten und zu machen, daß der Mensch seine Bestimmung erreiche. Die Thiere erfüllen diese von selbst, und ohne daß sie sie kennen. Der Mensch muß erst suchen, sie zu erreichen, dieses kann aber nicht geschehen, wenn er nicht einmal einen Begriff von seiner Bestimmung hat (Päd 09, 445-16).

---

154   Gerd Irrlitz: *Kant-Handbuch. Leben und Werk.* Stuttgart 2010, 411.
155   Christoph Horn: *Nichtideale Normativität.* Suhrkamp 2014, 247, 297.
156   Christoph Horn: *Nichtideale Normativität.* Suhrkamp 2014, 255f.

Kant geht wieder von seinen Keimen aus, obwohl scharf kritisiert, weil er ohne sie nicht die Naturmetaphysik in sein Konzept einpassen kann.

3.6.1 Teleologie in Bezug zur Rasse und Varietät

Kant gibt 1788 die Schrift „*Über den Gebrauch teleologischer Prinzipien in der Philosophie*" heraus, als Entgegnung zu Forsters Schrift, „*Noch etwas über die Menschenraßen*". Unter anderem zitiert er Belegstellen aus Sprengel's „*Beiträge zur Völker- und Länderkunde*", ein Magazin, das ein Befürworter der Sklaverei ist."[157] Hier legt Kant aber auch sein Teleologie-Verständnis erstmals klar nieder, wie oben angeführt, bringt es aber nunmehr in Verbindung mit den Menschenrassen und ihrer Vervollkommnung. Kant will zeigen, dass Lebewesen immer vor dem Hintergrund der Teleologie zu betrachten sind:

> Es mag immer sein, daß z. B. in einem thierischen Körper manche Theile als Concretionen nach bloß mechanischen Gesetzen begriffen werden könnten (als Häute, Knochen, Haare). Doch muß die Ursache, welche die dazu schickliche Materie herbeischafft, diese so modificirt, formt und an ihren gehörigen Stellen absetzt, immer teleologisch beurtheilt werden, so daß alles in ihm als organisirt betrachtet werden muß, und alles auch in gewisser Beziehung auf das Ding selbst wiederum Organ ist (KU 05, 377-17).

Kant ist nämlich der Ansicht, empirische Merkmale eignen sich nicht zur Erklärung der menschlichen Rassen, weil er mechanische und biologische Abgrenzungen eliminieren will.[158] Aus seiner Sicht ist es die Natur, die „Fürsorge" (VvRM 02, 434-16) bzw. „Vorsorge" (BeM 08, 93-25) trifft. So

---

157 Robert Bernasconi: *Kant as an Unfamiliar Source of Racism*. In: Ward, Julie K., Lott, Tommy L. (Hg.), Philosophers on Race. *Critical Essays*. Oxford 2002, 148.

158 Robert Bernasconi: *Who invented the concept of Race?* In: Back, Les; Solomos, John (Hg.): Theories of Race and Racism. A Reader. New York 2009, 92.

ist sie auch „ ... für die vollkommene Zweckmäßigkeit der Negerbildung in Betreff seines Mutterlandes ..." (BeM 08, 169-29) zuständig.

Die Natur ist aber auch für „ ... Unvertragsamkeit, für die mißgünstig wetteifernde Eitelkeit, für die nicht zu befriedigende Begierde zum Haben oder auch zum Herrschen" (IaG 08, 21-26) zuständig, anderenfalls würde sich der Mensch zurücklehnen und nicht nach Vervollkommnung streben, wenn diese auch niemals erreichbar wird.[159] In den „*Recensionen von J.G. Herders Ideen zur Philosophie der Geschichte der Menschheit*" wird von faulen Haitianern berichtet, die sich von sittlichen Zivilisationen fragen lassen müssten, zu welchem Zwecke sie denn leben (RezHerder 08, 65-02). Herder, der keine „Racen" anerkennt, ist der Ansicht, dass die menschliche Zivilisation nicht mehr als ein Zyklus ist, der die Zeitspanne von Adam bis Noah in immer neuen Abfolgen wiederholt. Kant antwortet dagegen, dass die Menschheit das Erreichen des Telos damit verfehlen würde, „ ... that the experiment of humanity might end in failure"[160]. Es ist, so Bernasconi, nicht ausgemacht, wie die Geschichte mit den Menschen ausgeht, denn das Ende des Aufsatzes lässt uns genauso viel Furcht wie Zuversicht verspüren.

In dem Aufsatz „*Sublime Waste: ‚Kant on the destiny of the ‚Races'*" bearbeitet Larrimore ausführlich die Teleologie Kants. Larrimore zeichnet, aus meiner Sicht, hervorragend die Zusammenhänge in Kants Philosophie nach, nicht nur in dieser Arbeit, sondern auch in seinen anderen Essays. Damit untermauert er nachhaltig Kants teleologische Ausrichtung, die seine gesamte restliche Philosophie dahinter zurücktreten lässt. Die Sachlage bisher sieht so aus, als würde Kant allen Rassen, außer den Weißen, ihren menschlichen Status absprechen und sie als degeneriert betrachten. Dies ist

---

159   Robert Bernasconi: *Kant and Blumenbach's Polyps*.. In: Eigen, Sara; Larrimore, Mark (Hg.): The German Invention of Race. Albany 2006, 100.
160   Robert Bernasconi: *Kant and Blumenbach's Polyps*. Albany 2006, 101.

keinesfalls so, indes, wie bereits aufgewiesen, es um die Vervollkommnung des menschlichen Geschlechts geht und die unterschiedlichen Rassen einen entscheidenden Beitrag leisten. Larrimore, der auch die Hierarchisierungen Kants nicht negiert, verweist auf Kants Rassen, in der er Erfüllungsgehilfen sieht, um die Bestimmung der „Weißen" zu erfüllen. Die Moralphilosophie Kants, wenn es auch den Anschein hat, sie wäre mit der Rassentheorie Kants unvereinbar, kann aber nicht davon abgelöst werden, wie Larrimore das noch zeigen wird, obwohl ich ihm in diesem Punkt nicht zustimme. „Instead, race was an 'idea of the way reason might unite the greatest diversity in generation with the greatest unity of descent' (VIII ÜGTP, 164-03f) given nature's concern that 'all the multiplicity implicit in a species' Keime should unfold' (VIII ÜGTP, 167-14).[161]

> Challenged by Herder and Forster in the 1780s, the critical Kant described a kind of antinomy of ethnography from which only a practical-reason-informed understanding of human destiny could offer a responsible way out: race became an a priori concept, its teleology evident independently of empirical data.

In „*Sublime Waste* ..." trifft Larrimore die Feststellung gleich zu Beginn, dass Kants Teleologie der Rasse geschichtlich kontinuierlich verläuft Das Verhältnis von Ethik und der Hierarchisierung der Rasse wird nicht thematisiert.

Kants Teleologie-Schrift ist, wie bereits gezeigt, eine Antwort auf Forsters Einwände, die Reiseberichte zu missinterpretieren bzw. zu missbrauchen und gibt Kant Gelegenheit, die unwissenschaftlichen Einwände, bezüglich der Teleologie, ausgesprochen von Herder, die er unter dem Einfluss Forsters erhebt, zu bekämpfen. Kant verweigert die Möglichkeit einer

---

161 Mark Larrimore: *Antinomies of race: diversity and destiny in Kant.* Routledge 2008, 356.

wissenschaftlichen Untersuchung der Vergangenheit, die nur von einem Gott eingesehen werden kann, um daraus Schlüsse zu ziehen, denn, wie die Genesis in der Bibel zeigt, stammen wir alle von einer Menschenart ab, was Forster zuvor aber auch gar nicht bestreitet. Wir müssen vielmehr die teleologischen Prinzipien beachten, denn, „ ... so ist wohl ungezweifelt gewiß, daß durch bloßes empirisches Herumtappen ohne ein leitendes Princip, wornach man zu suchen habe, nichts Zweckmäßiges jemals würde gefunden werden; ..." (ÜGTP 08, 161-09). Aber er gibt zu, dass die Bezeichnung „Race" ein ausgedachter Begriff ist, den er durch Abartung übersetzen würde (AA VIII ÜGTP, 163-25). Da er nun aber von ihm verwendet wird und wurde, bleibt er dabei und unterscheidet sogleich den Zweck der Rasse, wie auch den der Varietät.

> In Ansehung der Varietäten scheint die Natur die Zusammenschmelzung zu verhüten, weil sie ihrem Zwecke, nämlich der Mannigfaltigkeit der Charaktere, entgegen ist; dagegen sie, was die Racenunterschiede betrifft, dieselbe (nämlich Zusammenschmelzung) wenigstens verstattet, wenn gleich nicht begünstigt, weil dadurch das Geschöpf für mehrere Klimate tauglich wird, ... (ÜGTP 08, 166-33).

Obwohl sich die Rasse nicht ändert und für die Nachkommen gleiche Bedingungen bereitstellt, ist die Varietät sehr wohl und aus wichtigen Gründen wandelbar, um soviel wie möglich Mannigfaltigkeit in die Welt zu bringen. Die sich ergebenden Konsequenzen, veranlassen Larrimore von „nature's end" zu sprechen. Er sieht im Individuum den teleologischen Zweck, aus Gründen der Varietät, begründet.[162] Um aber empirisch brauchbare Ergebnisse zu begründen, so Kant, bedarf es zukünftiger Forscher, die mit den richtigen teleologischen Prinzipien ausgestattet sind. Die Rassenunterschiede bezüglich der verschiedenen Rassen sind für Kant eindeutig existent und so

---

162 Mark Larrimore: *Sublime Waste*. 1991, 109.

müsste man seine Intention als rassisch bezeichnen, würde er nicht die unterschiedlichen Menschenstämme abwerten, was dazu führt, dass seine Bemerkungen als rassistisch betrachtet werden.

Hat Kant noch in der Schrift „*Bestimmungen über die Menschenrassen*" eine qualitative Unterscheidung vermieden, so wird er wieder rigoros und meint,

> ... daß unter den vielen tausend freigelassenen Negern, die man in Amerika und in England antrifft, er kein Beispiel kenne, daß irgend einer ein Geschäfte treibe, was man eigentlich Arbeit nennen kann, vielmehr da sie ein leichtes Handwerk, welches sie vormals als Sklaven zu treiben gezwungen waren, alsbald aufgeben, wenn sie in Freiheit kommen, um dafür Höker, elende Gastwirthe, Livereibediente, auf den Fischzug oder Jagd ausgehende, mit einem Worte Umtreiber zu werden. Eben das findet man auch an den Zigeunern unter uns (ÜGTP 08, 174-9).

Diesen Text übernimmt er vom Hörensagen, obwohl er Herder in den „Recensionen" wegen ungeprüfter Aussagen von Reisenden zurechtweist. (RezHerder 08, 62-4). Der Bericht von Don Ulloa, welchen Kant als wichtigen Zeugen präsentiert, verweist auf die Amerikaner, die hierarchisch ganz unten angesiedelt sind. Sie gelten als

> ... zu schwach für schwere Arbeit, zu gleichgültig für emsige und unfähig zu aller Cultur, wozu sich doch in der Naheit Beispiel und Aufmunterung genug findet, noch tief unter dem Neger selbst steht, welcher doch die niedrigste unter allen übrigen Stufen einnimmt, die wir als Racenverschiedenheiten genannt haben (AA VIII ÜGTP, 176-01).

Wieder bemüht Kant die bereits erwähnten Stereotype, um sie aus seiner Sicht unterschiedlich zu beschreiben. Zumindest bis zum Jahr 1788, der Teleologie-Aufsatz erscheint Wochen nach der „*Kritik der praktischen Vernunft*", ist Kant immer noch ein Befürworter der qualitativen Rassenunterschiede.

Noch einmal möchte ich auf das System der Zwecke hinweisen, weil es sowohl für die Theorie der Rasse als auch für Kants gesamtes System eminent wichtig ist:

> Irgend einen Theil eines Geschöpfs der der Gattung beständig anhängt für zwecklos annehmen ist eben so viel als eine Begebenheit in der Welt ohne Ursache entstanden anzunehmen. ... Woraus ich schließe daß wenn Manigfaltigkeiten entspringen die unausbleiblich erblich sind diese durch keine zufällige Ursache haben hervorgebracht sondern nur entwickelt werden können und daß selbst zu dieser Entwickelung Ursprüngliche und Zweckmäßige Anlagen in der Natur anzutreffen seyn müssen (HN 23, 75-12f).

3.6.2 Physische Geografie und Anthropologie als Bestimmungsgrund des menschlichen Schicksals

Die Physische Geografie, die Kant seit 1756 liest, wird erst 1801 publiziert, zeigt aber Kants frühes Bild der Hierarchisierung der Menschen, die ein Abbild der Gemeinplätze des 18. Jahrhunderts ist, obwohl Kant die Veröffentlichung früher urgiert. Die Aufzeichnungen selbst dürften älter als die Kantischen Rassenschriften sein.[163] „Die Menschheit ist in ihrer größten Vollkommenheit in der Race der Weißen. Die gelben Indianer haben schon ein geringeres Talent. Die Neger sind weit tiefer, und am tiefsten steht ein Theil der amerikanischen Völkerschaften" (PG 09, 316-5).

Zuverlässiger für seine späteren Ausführungen und für seine teleologische Sichtweise, sind die Aufzeichnungen der Studenten, die im Band XXV der Akademieausgabe vorliegen. Die bezeugen, dass Kant immer wieder den

---

163   Mark Larrimore: *Sublime Waste*. 1991, 111.

Unterschied der Menschenrassen vorträgt, um auf das bevorstehende Ziel für die Weißen hinzuweisen.[164]

> Die Negers sind aber auch keiner weitern Civilisirung mehr fähig: aber doch haben sie Instinct und Discipline, welches den Americanern fehlt. Die Indianer und Chineser, scheinen jetzt auch in ihrer Vollkommenheit still zu stehen; denn ihre Geschichtbücher zeigen, daß sie jetzt nicht mehr wissen, als was sie schon lange gewust haben (V-Anth 25,2, 843-5).

Die Vorlesungen, die als „*Menschenkunde*" von 1781/82 bekannt sind, zeigen eine Diskussion, die breit angelegt war:

> 1) Das Volk der Amerikaner nimmt kein Bildung an. Es hat keine Triebfeder; denn es fehlen ihm Affect und Leidenschaft. Sie sind nicht verliebt, daher sind sie auch nicht fruchtbar. Sie sprechen fast gar nichts, liebkosen einander nicht, sorgen auch für nichts, und sind faul, sie schminken sich ins häßliche.

> 2) Die Race der Neger, könnte man sagen, ist ganz da Gegentheil von den Amerikanern; sie sind voll Affect und Leidenschaft, sehr lebhaft, schwatzhaft und eitel. Sie nehmen Bildung an, aber nur ein Bildung der Knechte, d.h. sie lassen sich abrichten. Sie haben viele Triebfedern, sind auch empfindlich, fürchten sich vor Schlägen und thun auch viel aus Ehre.

> 3) Die Hindus haben zwar Triebfedern, aber sie haben einen starken Grad von Gelassenheit, und sehen alle wie Philosophen aus. Demohngeachtet sind sie doch zum Zorne und zur Liebe sehr geneigt. Sie nehmen daher Bildung im höchsten Grade an, aber nur zu Künsten und nicht zu Wissen schaften. Sie bringen es niemals bis zu abstrakten Begriffen, ein hindostanischer großer Mann ist der, der es recht weit in der Betrügerei gebracht und viel Geld hat. Die Hindus bleiben immer wie sie sind, weiter bringen sie es niemal ob sie sich gleich weit eher zu bilden angefangen haben.

---

164   Ebd. 111.

> 4) Die Race der Weißen enthält alle Triebfedern und Talente in sich; daher muß man sie etwas genauer betrachten; Oben ist dazu Kentniß gegeben. Zu der Race der Weißen gehört ganz Europa, die Türken, und Kalmucken. Wenn irgend Revolutionen entstanden sind, so sind sie immer durch die Weißen bewirkt worden und die Hindus, Amerikaner, Neger haben niemals daran Theil gehabt. Unter den Weißen könnte man die Eintheilung des orientalischen und occidentalischen Schlage machen. Auch kann man drittens die finnische Nation hierzu rechnen (V-Anth 25,2, 1187-9 bis 1188).

In diesen vier Punkten wird deutlich gezeigt, welche Fähigkeiten die Rassen in Bezug auf einen Endzweck entwickeln. Nur die Weißen sind in der Lage, zivilisatorisch, die höchste Stufe zu erklimmen. Die Amerikaner sind faul und wollen sich auch nicht bilden, die Neger sind ihren Neigungen ausgeliefert und eignen sich nur als Diener, man möchte sagen „Sklaven", die Hindus sind ruhig, sind aber auch sehr den Begierden unterworfen, können nur in den Künsten Fortschritte machen und die Wissenschaft ist nichts für sie.

Eine weitere Quelle der kantischen Theorie zur Rasse sind die Reflexionen über die „Collegeentwürfe aus den 80er Jahren", die das Thema der Menschenkunde betreffen, aus dem kurz zuvor zitiert wurde. Diese Entwürfe zeigen, dass Kant die verstörenden Implikationen seiner Rassentheorie bewusst waren, so meint zumindest Larrimore, und sie dementsprechend versuchte klarzulegen.

> „Alle racen werden ausgerottet werden (^{g} Amerikaner und Neger können sich nicht selbst regiren. Dienen also nur zu Sclaven), nur nicht die der Weissen. Hartnäckigkeit der Indianer bey ihren Gebräuchen ist Ursache, daß sie nicht in ein Volk mit den Weissen zusammen schmeltzen. Es ist nicht gut, daß sie sich vermischen. Spanier in Mexico (HN 15, 878-19).

Kants Überlegungen gehen weiter und es zeigt sich wieder; nur die Weißen sind für die menschliche Geschichte von Bedeutung und eine Vermischung der Rassen ist dazu nicht dienlich. Auch Robert Bernasconi greift den Aspekt der Rassenvermischung auf, den Kant eindeutig nicht dulden will, obwohl er zugibt, dass es Rassenvermengung in der Geschichte immer gab.[165] Ein neuer Aspekt ist, dass „Amerikaner und Neger" nicht in der Lage sind, sich selbst zu regieren. Dies wird auch nochmals deutlich, eine Seite vorher (HN 15, 877-7) und in Kants Vorlesungen (V-Anth 25, 1187). Er hat aber auch offensichtlich ein ähnliches Verständnis der „natürlichen Sklaverei" eines Aristoteles.[166] „Unsere (^{g} alte) Geschichte der Menschen geht mit Zuverläßigkeit nur auf die Race der Weissen. Egypter. Perser. Thracier. Griechen. Celten. Scythen. (^{g} nicht Indier, Neger.)" (HN 15, 879-10).

Sehr schwierig ist die Aussage zu verstehen, dass alle Rassen ausgerottet werden, noch dazu, wo dies nirgends in seinen Vorlesungen erwähnt wird. Larrimore sieht hier möglicherweise auch eine Vorhersage, die Amerikaner betreffend. Weil sie so schwach sind, könnten sie beim Zusammentreffen mit anderen Kulturen, empfindlich geschwächt werden. „Kant seems to be anticipating a time when close contact with hardier races forces the collapse of the indigenes of Asia and Africa, too."[167] Tatsächlich wurden die Ureinwohner der beiden Kontinente, Opfer des Kolonialismus, allerdings nicht aufgrund ihrer Schwäche, sondern wegen der Stärke und Bestialität ihrer Herren. Unvereinbar scheint mit der Sicht Kants, dass die Keime eine Besiedelung der ganzen Welt ermöglichen, wenn die Menschen dann jedoch ausgerottet werden. Auch hier eröffnet sich eine Inkonsistenz in Kants Denken.

Die „*Anthropologie in pragmatischer Hinsicht*", die 1798 herausgegeben wird, ist eine der letzten Schriften Kants, die sich nur mehr stark verkürzt mit dem Charakter der Rasse beschäftigt. Im Rassenkapitel verweist er auf H. R.

---

165   Robert Bernasconi: *Kant as an Unfamiliar Source of Racism.* Oxford 2002, 154.
166   Mark Larrimore: *Sublime Waste.* 1991, 114.
167   Ebd. 115.

Girtanners Buch „*Über das kantische Prinzip für die Naturgeschichte*", der zu zeigen versucht, nach Bernasconi, dass sich Kants Keime und Blumenbachs „Bildungstrieb" nicht ausschließen. Ob damit eine teleologische Komponente gemeint ist, ist unklar. Im Übrigen zeigt sich das Telos in der Anthropologie-Schrift ebenso unverzichtbar:

> Alle Fortschritte in der Cultur, wodurch der Mensch seine Schule macht, haben das Ziel, diese erworbenen Kenntnisse und Geschicklichkeiten zum Gebrauch für die Welt anzuwenden; aber der wichtigste Gegenstand in derselben, auf den er jene verwenden kann, ist der Mensch: weil er sein eigener letzter Zweck ist. - Ihn also seiner Species nach als mit Vernunft begabtes Erdwesen zu erkennen, verdient besonders Weltkenntniß genannt zu werden, ob er gleich nur einen Theil der Erdgeschöpfe ausmacht (Anth 07, 119-2).

Bereits in der Vorrede zeigt sich der teleologische Charakter, indem die menschlichen Fertigkeiten eingesetzt werden sollen, um für die Welt und auch für den Menschen selbst von Vorteil zu sein. Die Anthropologie soll keine empirische Wissenschaft sein, es geht nicht darum„ ... was die Natur aus dem Menschen macht ...", sondern sie ist eine pragmatische Wissenschaft, die darauf ausgerichtet ist, „ ... was er als freihandelndes Wesen aus sich selber macht, oder machen kann und soll" (Anth 07, 119-12). Es kommt auf den Zweck an, für den sich die Menschen zu rüsten haben, die aufgrund ihrer moralischen Freiheit, in ihrer Selbstgesetzgebung, sich vervollkommnen sollen.

Aus Gründen der Vollendung wiederholt Kant nochmals seine Intention, einen Mix der Rassen zu unterlassen. „So viel ist wohl mit Wahrscheinlichkeit zu urtheilen: daß die Vermischung der Stämme (bei großen Eroberungen), welche nach und nach die Charaktere auslöscht, dem Menschengeschlecht alles vorgeblichen Philanthropismus ungeachtet nicht zuträglich sei" (Anth 07, 320-12). Nicht nur, dass die Bösen mit den Guten vermischt werden, wie bereits von Kant zitiert, es wird die Rasse der Weißen dadurch geschwächt. „Was soll man sagen, werden die Rassen zusammenschmelzen oder nicht? Sie werden nicht zusammenschmelzen, und es ist auch nicht zu wünschen. Die Weißen würden degradiert werden. Denn jene Rassen nehmen nicht die Sitten und Gebräuche der Europäer an."[168]

4. Deutungen der kantischen Rassentheorie

Nach den gezeigten Belegen, die sich mit der Rassentheorie Immanuel Kants beschäftigten, stellt sich nun die Frage, wie ist Kants Moralphilosophie, sein Brückenschlag zu den Menschenrechten und sein Kosmopolitismus, damit zu verbinden. Es bedarf dazu der Durchleuchtung der politischen Positionen Kants, hier vor allem das Verständnis von Staat und Mensch, der moralischen Implikationen als auch der teleologischen Folgen bezüglich des Schicksals des Menschen. Besonders wichtig ist auch das hermeneutische Umfeld Kants, in dem die Theorie der Rasse verfertigt wurde.

4.1. Menschenrechte und Staat

Bevor wir uns mit der Verbindung von Moral und Rasse beschäftigen, muss die Rechtsgrundlage erörtert werden, in Hinsicht auf die Position des Menschen, da sie die Grundbedingung jeglichen Zusammenlebens innerhalb von Staatengemeinschaften sicherstellt. Darüber hinaus bedarf es eines kurzen Ausblicks auf den Kosmopolitismus Kants, weil er oft als Argument gegen den Rassismus verwendet wird. Für dieses Kapitel ziehe ich das Buch von

---

168   Arnold Kowalewski (Hg.): *Die philosophischen Hauptvorlesungen Immanuel Kants.* München 1924, 364. Siehe auch: Robert Bernasconi: *Kant as an Unfamiliar Source of Racism.* Oxford 2002, 158.

Christoph Horn, Professor an der Universität Bonn, „*Nichtideale Normativität*" von 2014 heran, das interessante Aspekte eröffnet.

Horn stellt für mich überzeugend klar, dass Kant nicht für die Menschen- und Bürgerrechte, im modernen Sinn, verantwortlich ist. Sie werden im Nachhinein in das Denken Kants, von Philosophen, implementiert. Kant ist teleologisch vor allem an der Menschheit interessiert, wie das im kategorischen Imperativ besonders angesprochen wird. Das Subjekt wird dadurch etwas aus dem Blickfeld gedrängt, wie sich noch zeigen wird. Horn möchte abklären, ob sich aus dieser moralischen Forderung das Recht ableiten lässt oder nicht. Dies hat für uns weniger Relevanz, geht es vielmehr doch darum zu zeigen, wie Kant den Menschen betrachtet, um dann Schlüsse ziehen zu können, ob aufgrund des Rechts oder der Moral eine Hierarchisierung der Menschen möglich ist. Wir werden kurz darauf eingehen.

Wie ist nun das Recht grundsätzlich zu verstehen? Horn führt aus: „Kant konzipiert Recht als stark verminderte, um wesentliche Bestandteile verkürzte Version jener vollen Normgeltung, die sich aus der KI-Prozedur [Kategorische Imperativ-Prozedur] ergibt."[169] Das bedeutet, dass wir, in welcher Form auch immer, Horn bezeichnet das „ ... als nichtideale Variante der vollen Normgeltung ...", von einer Verbindung sprechen können, auch wenn es dem späten Kant nicht mehr gelingt, einen homogenen Gesamtentwurf darzulegen.[170] Menschen werden rechtlich als auch moralisch nicht unterschiedlich betrachtet, sondern nur von verschiedenen Blinkwinkeln beleuchtet. Das heißt, es stellt sich die Frage nach dem Vorrang von Recht und Moral und der Herleitung der Menschenrechte. Die nach bisheriger Lehrmeinung durchaus provokante These lautet: Die Frage der Priorität kann

---

169   Christoph Horn: *Nichtideale Normativität*. Berlin 2014, 9.
170   Ebd. 12.

Kant nicht befriedigend beantworten und die Rekonstruierung der Menschenrechte gelingt nicht überzeugend. Damit stellt Horn sich gegen Höffe, einen der etabliertesten Kant Kenner der deutschen Gegenwart. Weil Kant Rechte und Freiheiten „als Implikationen seiner Pflichtentheorie versteht", bezeichnet Horn diese Position als „deontologischen Liberalismus".[171]

Moralität und rechtliche Normen sind a priori geltend, daher muss das Individuum, einerseits, Tugendpflichten, die aufgrund innerer Einstellung oder moralisch korrekter Zwecksetzung getroffen werden und andererseits Rechtspflichten, die vom Staat gefordert werden, wahrnehmen. Für die Frage der Priorität lässt Kant keinen Zweifel, wenn es sich um Fragen, der Familie, Religion oder Wissenschaft handelt. Hier hat die Moral immer Vorrang. In der Sache des Rechts schulden wir der staatlichen Legislative unbedingten Gehorsam (MS 06, 319-7). Horn interpretiert die Stelle (MS 06, 219f) dahingehend, dass die äußere Gesetzgebung in die innere Motivation mit aufgenommen werden soll und staatliche wie moralische Gebote als göttlich anzusehen sind.[172]

> Sobald etwas als Pflicht erkannt wird, wenn es gleich durch die bloße Willkür eines menschlichen Gesetzgebers auferlegte Pflicht wäre, so ist es doch zugleich göttliches Gebot ihr zu gehorchen. Die statutarischen bürgerlichen Gesetze kann man zwar nicht göttliche Gebote nennen, wenn sie aber rechtmäßig sind, so ist die Beobachtung derselben zugleich göttliches Gebot. Der Satz "man muß Gott mehr gehorchen, als den Menschen" bedeutet nur, daß, wenn die letzten etwas gebieten, was an sich böse (dem Sittengesetz unmittelbar zuwider) ist, ihnen nicht gehorcht werden darf und soll. Umgekehrt aber, wenn einem politisch=bürgerlichen, an sich nicht

---

[171] Ebd. 10.
[172] Ebd. 19.

> unmoralischen Gesetze ein dafür gehaltenes göttliches statutarisches entgegengesetzt wird, so ist Grund da, das letztere für untergeschoben anzusehen, weil es einer klaren Pflicht widerstreitet, selbst aber, daß es wirklich auch göttliches Gebot sei, durch empirische Merkmale niemals hinreichend beglaubigt werden kann, um eine sonst bestehende Pflicht jenem zufolge übertreten zu dürfen. (MS 06, 99-26)

Die staatlichen Gesetze sind daher unbedingt zu befolgen, wenn sie auch moralisch zweifelhaft sind, man selbst begeht nichts Unmoralisches damit. Kant fordert hier „(nahezu unbedingten) politischen Loyalismus"[173]. Horn sieht noch weitere Beispiele für diese Loyalität und will daher Relativierungen, die es von mehreren Seiten gibt, nicht gelten lassen. Widerstand gegen den Staat ist rechtlich sowie moralisch nicht erlaubt. Wie dies im Hinblick auf Staaten zu betrachten ist, besonders im Hinblick für außereuropäische fremde Völker, die keine Republik bilden - sie gilt als „wahre bürgerliche Verfassung" - bleibt offen, da Kant überall dort Widerstand explizit untersagt, wo er zu dieser Frage Stellung bezieht.[174] Diese Schlussfolgerungen eliminieren eine Konvergenzthese von Recht und Moral. Die Auswirkungen für eine moderne Gesellschaft wie heute, wären fatal, wenn z. B. Minderheitenrechte beschnitten werden, oder gegen eine Menschenrechtskonvention verstoßen wird und es nicht erlaubt ist, sich dagegen aufzulehnen. Horn verweist hier nicht nur auf aktuelle Probleme, sondern auch auf Genozide, Beschneidung der Bürgerrechte, Eroberungskriege, Pogrome und auch auf die Sklaverei.[175] Eine Revolution aus ebendiesen Gründen wäre aber nach Kant verboten und der Bürger kann nur auf allmähliche Reformen hoffen, die vom Staat ausgehen. Recht wird

---

173 Ebd. 20.
174 Ebd. 22.
175 Ebd. 26.

daher zur nichtidealen *Abschwächung der Moral* und die Freiheit spielt hier tatsächlich keine Rolle.

> Recht ist also im Unterschied zur Moral (a) stets empirienah und beruht auf einer Konstruktion, (b) allenfalls faktisch unausweichlich, nicht prinzipiell (man könnte etwa auswandern), (c) nicht an den homo noumenon adressiert, (d) motivational heteronom und (e) keineswegs universell gültig. [176]

Damit zeigt sich auch, dass die Abhängigkeitsthese von Moral und Recht, zumindest nach Horn, hinfällig ist. Das entscheidende ist, die Politik verliert ihr moralisches Fundament. Recht wird da konstituiert, wo die Moral bereits versagt hat oder zu versagen droht. Weil die Menschen schlecht sind, bedarf es Menschen, die Andere in eine staatliche Ordnung zwingen (HN 19, 565-20). Das Gemeinwesen, sofern es nicht in einen Staat eingebunden ist, wäre dem Reich der Zwecke, als Idee, zwar ähnlich, aber ohne eine wirkliche Funktion. „Das Recht ist eine selbständige Normativitätsvariante."[177]

Nach der Betrachtung des Rechts in allgemeiner Hinsicht stellt sich nun die konkrete Frage nach den Menschenrechten. Horn erläutert:

> Unter Menschenrechten verstehe ich, dem heutigen Sprachgebrauch folgend, eine bestimmte Klasse subjektiver Individualrechte; mit ihnen werden unbedingte Ansprüche formuliert, die allen Menschen gleichermaßen und einfach als Menschen zustehen sollen, also unabhängig von Geschlecht, Religion, Nationalität, Beruf usw. Sie sind unantastbar und unveräußerlich (vgl. Pollmann u. a. 2012).[178]

Um diese Rechte zu untersuchen, bedarf es drei Kriterien wie a)

---

176   Ebd. 46,
177   Ebd. 66.
178   Ebd. 68.

Universalismus, b) kategorischen Vorrang und c) Besitzpersistenz. Horn ist der Ansicht bei Kant findet sich streng genommen kein Einziges. Zu a): Kant spricht in seiner Schrift nirgends von moralischen Individual-, Teilhabe- oder Sozialrechten, obwohl bereits Kataloge von Menschenrechten vorliegen, wie „The Rights of Man" (1791/92), von Thomas Paine. Zu b): Es findet sich ebenso kein Menschenrechtsuniversalismus, sondern die staatliche Rechtsordnung hat Vorrang, der Herrscher bzw. Gesetzgeber, hat keine Pflichten gegenüber dem Bürger, aber alle Rechte (MS 06, 319-12). Zu c): Es gibt auch keine Beständigkeit an moralischen Rechten, da Kants Würde verloren werden kann. Dieser Würdebegriff wird daher in der Neuzeit völlig falsch interpretiert. Das zeigt sich nachfolgend in seinem Strafrecht. Bei einem Straftäter muss zwar noch „ ... auf Achtung für die Menschheit in der Person des Missetäters ..." (MS 06, 362-36) Rücksicht genommen werden, aber er hat keine unveräußerlichen Rechte.

> Ohne alle Würde kann nun wohl kein Mensch im Staate sein, denn er hat wenigstens die des Staatsbürgers; außer wenn er sich durch sein eigenes Verbrechen darum gebracht hat, da er dann zwar im Leben erhalten, aber zum bloßen Werkzeuge der Willkür eines Anderen (entweder des Staats, oder eines anderen Staatsbürgers) gemacht wird. Wer nun das letztere ist (was er aber nur durch Urtheil und Recht werden kann), ist ein Leibeigner (*servus in sensu stricto*) und gehört zum Eigenthum (*dominium*) eines Anderen, der daher nicht bloß sein Herr (*herus*), sondern auch sein Eigenthümer (*dominus*) ist, der ihn als eine Sache veräußern und nach Belieben (nur nicht zu schandbaren Zwecken) brauchen und über seine Kräfte, wenn gleich nicht über sein Leben und Gliedmaßen verfügen (disponiren) kann. Durch einen Vertrag kann sich niemand zu einer solchen Abhängigkeit verbinden, dadurch er aufhört, eine Person zu sein; denn nur als Person kann er einen Vertrag machen (MS 06, 329-36).

Ein Straftäter wird seine Würde als Staatsbürger verwirken, er wird

Leibeigener sein, der einer Willkür eines anderen unterworfen ist, aber er darf nicht als Mittel zum Zweck missbraucht werden, nämlich der Abschreckung von potentiellen Straftätern. Auch der innere Wert, d. i. Würde, als Begriff, wie ihn Kant in der (GMS 04, 434f) darstellt, spricht nicht für einen modernen Würdebegriff im Sinne der UNO-Menschenrechtsdeklaration.[179] Aus der „Achtung für die Menschheit" ist kein Individualrecht ableitbar. Wer hier eine Brücke zur modernen Menschenrechtskonzeption schlagen will, wird sich leidlich schwertun. Dies wird auch bei der Eigentumstheorie von Kant nicht gelingen, der das Eigentum in Verbindung bringt mit dem „Ersterwerb herrenloser Güter im Naturzustand" während Locke es als vorstaatliches, gottgegebenes Menschenrecht auffasst, welches ein Abwehrrecht gegen den Staat fundiert. Überhaupt verwendet Kant nur an neun Stellen den Ausdruck Menschenrecht, der nicht in aussagekräftiger Form von ihm verwendet wird, vor allem nicht nach neuzeitlicher Idee.[180] Auch die Hinrichtung von Karl I. und Ludwig XVI. lassen Kant nicht individualistisch argumentieren. Er untermauert, dass das Staatsrecht, das in der Person des Regenten sich äußert, unter keinen Umständen zu beugen ist (MS 06, 320-35). Für Kant gibt es keine universalen moralischen Menschenrechte, schon gar nicht gemäß der neuzeitlichen Idee, wiewohl er von einer Freiheit der Feder spricht, allerdings als einziges Palladium der Volksrechte.[181] Kant kennt nur ein einziges individuelles Recht und zwar das Weltbürgerrecht, das aber nur als Gastrecht zur Anwendung kommt. Das bedeutet, dass jeder Mensch als nicht feindselig, sondern als Besucher behandelt werden soll (Zef 08, 357-22f). Auch in der

---

179 Vgl. Ebd. 99. Horn verweist darauf, dass Kant an zahlreichen weiteren Stellen sagt, die Würde verleiht man sich selbst durch Moral. Nach Kants Werttheorie kommt dem Menschen per se kein absoluter Wert, genannt Würde, zugute. Weitere Ausführungen zur Würde Vgl. Ebd. 107f.

180 Ebd. 75.

181 Ebd. 77f.

Metaphysik der Sitten spricht er im dritten Abschnitt vom Weltbürgerrecht, indem sich hier wiederum der teleologische Aspekt zeigt, der eine mögliche Vereinigung aller Völker hervorbringen soll (MS 06, 352f). Menschenrechte sind für Kant ein System von Rechten und Pflichten des Einzelnen, innerhalb einer staatlichen Rechtsordnung. Das beinhaltet aber kein Recht auf einforderbares Leben, wohl aber die Pflicht eigenes und fremdes Leben zu respektieren.[182]

Ein weiterer wichtiger Bereich ist die Definition des Bürgers bei Kant. Freiheit, Gleichheit und Selbständigkeit sind nur auf Vollbürger beschränkt, deren Grundvoraussetzung die Selbständigkeit ist.

> Nur die Fähigkeit der Stimmgebung macht die Qualification zum Staatsbürger aus; jene aber setzt die Selbstständigkeit dessen im Volk voraus, der nicht bloß Theil des gemeinen Wesens, sondern auch Glied desselben, d. i. aus eigener Willkür in Gemeinschaft mit anderen handelnder Theil desselben, sein will. Die letztere Qualität macht aber die Unterscheidung des activen vom passiven Staatsbürger nothwendig, ... (MS 06, 314-17)

Nur wer also selbständig in der Lage ist, sich selbst zu versorgen, kann ein Stimmbürger sein und erhält damit diese Rechte. Wie Kant weiter ausführt sind ein Dienstbote, oder auch ein Frauenzimmer, ebenso ein Geselle bei einem Kaufmann oder auch ein Holzhacker, der angestellt ist, keine selbständigen Bürger. Noch schlechter gestellt sind die Familienmitglieder, weil sie kein Recht haben, die Bindung zur Familie aufzulösen. Auch Kant selbst, als er noch als Hauslehrer beschäftigt war, wäre kein selbständiger Bürger gewesen. Aber er weist darauf hin, dass sich jeder emporarbeiten kann (MS 06, 315-21). Wirtschaftliche Selbständigkeit und Unbestechlichkeit scheinen die Argumente zu sein, die für eine Vollbürgerschaft sprechen. Auch

---

182   Ebd. 83f.

das zeigt wieder auf das fehlende Individualrecht, das keine materiale Freiheitskonzeption kennt, noch rechtebasiert ist, sondern aus faktischen Verhältnissen abgeleitet wird. [183] Betreffend unserer Themenstellung lässt sich resümieren: Kants Individuen besitzen keine Menschenrechte, sie sind nicht vor empirischen Zufällen geschützt.

> Aus der Perspektive des homo noumenon, also der ‚Menschheit', müsste es gleichgültig sein, ob jemand zufällig Mann oder Frau, Haushaltsvorstand oder Diener, Europäer oder Afrikaner ist. Ist es jedoch nicht gleichgültig, so kann der gemeinte Rechteinhaber eben nicht der homo noumenon sein.[184]

Ein Beispiel für die Absenz eines Menschenrechtes zeigt sich auch am Exempel des mütterlichen Kindsmordes an einem unehelichen Kind. Nach Kant handelt es sich nicht um Mord, weil das Kind nicht in einem rechtlichen Raum geboren wird, es ist höchstens eine Tötung im Naturzustand und das ist im Grunde nicht strafbar. Um offensichtlich diese Ungerechtigkeit zu bereinigen, beruft sich Kant auf das „ius talionis", das Wiedervergeltungsrecht und fordert die Todesstrafe (MS 06, 336-15).

Am Ende dieses Rechtskapitels möchte ich nochmals Horns prägnante Worte wiedergeben, weil sie sehr treffend das Problem darstellen.

> Auch dem Geist nach verstößt er an zahlreichen Stellen gegen zentrale Gehalte einer menschenrechtsbasierten politischen Philosophie: So akzeptiert er keine vollen Bürgerrechte für abhängig Beschäftigte und keine Nichtversklavungsrechte für Angehörige fremder Ethnien, keine Beteiligungsrechte für Frauen und keine Schutzrechte für uneheliche

---

183 Ebd. 88f.
184 Ebd. 90.

Kinder.[185]

Es bleibt noch eine Frage bei Kant offen und das ist das Thema des Weltbürgerrechts, das auch im Zusammenhang mit einer Lösung von Pauline Kleingeld von Relevanz ist, das in einem nachfolgenden Kapitel behandelt wird. Sie ist der Ansicht, dass sich Kant vom Rassismus abwendet, da er sich immer mehr zum Kosmopolitismus hinwendet. Hier schränkt Kant selbst, durch einen Titel in seiner Friedensschrift, den Zweck dieses Weltbürgerrechts ein. „Dritter Definitivartikel zum ewigen Frieden. ‚Das Weltbürgerrecht soll auf Bedingungen der allgemeinen Hospitalität eingeschränkt sein" (ZeF 08, 357-19). Damit meint Kant ein Besuchsrecht, das vor allem dem Handel geschuldet sein soll, denn letztlich bleibt Kant ein Etatist und kann nicht als Globalist angesehen werden.[186] Als politische Weltlösung strebt Kant in der Friedensschrift einen Völkerbund von ausschließlich republikanischen Staaten an, die den Frieden sichern sollen, allerdings keine Zwangsgewalt zu ihrer Verfügung haben. Einem Weltstaat, der die eigentlich mutigere Lösung wäre, erteilt er eine Absage, obwohl dieser in seinem Umfeld diskutiert wird und das auch aus der Kosmopolis-Konzeption der Stoa bekannt ist.[187] Das mag vielleicht daran liegen, dass Kant davon spricht, die Natur wolle keine Verschmelzung der Völker und sie bedient sich der Sprachen und der Religionen, um diese davon abzuhalten (ZeF 08, 367-20).

Kants hospitales, kosmopolitisches Recht hat seinen Grund in der geschichtsteleologischen Ausrichtung, damit Menschen aus entfernten Weltteilen sich friedlich annähern können (ZeF 08, 358-21). Dahinter steht die Idee, durch Rechte wie dem Staats-, Völker- und Weltbürgerrecht, einen

---

185 Ebd. 111.
186 Ebd. 281.
187 Ebd. 283. (HN 15, 953).

weltweiten Frieden herzustellen. Zusätzlich zu Sprachen und Religionen, die eine Vermischung der Völker erschwert, soll noch der Handelsgeist für eine Befriedung sorgen (ZeF 08, 368-6). Die geschichtsteleologische Komponente, die bereits angesprochen wurde, muss auch noch von der Seite der Normativität betrachtet werden. Die praktische Vernunft des Einzelnen wird, metaethisch betrachtet, letztlich die Welt nicht verbessern. „Kant glaubt nicht daran, dass wir mehr als nur einen bescheidenen aktiven Beitrag zum geschichtlichen Erfolg von Fortschritt, Aufklärung, Verrechtlichung und Friedenssicherung leisten können - auch wenn diese am Ende, verlässlich eintreten werden."[188] Was sich mit diesem Befund Horns zeigt, ist die immer wiederkehrende Vorstellung einer zweckgebundenen Welt, an deren Verwirklichung Kant arbeitet.

Bernasconi weist außerdem darauf hin, dass Kant selbst nicht an einen ewigen Frieden glaubt: „ ... so ist der ewige Friede (das letzte Ziel des ganzen Völkerrechts) freilich eine unausführbare Idee" (MS 06, 350-16). Wenn es auch möglicherweise nie eintritt, so ist er doch der Ansicht, dass die Europäer Ordnung in das Chaos der Welt gebracht haben und weiter bringen werden (IaG 08, 29-02f), um vielleicht doch noch das Ziel einer vollkommenen Welt zu erreichen.[189]

4.2. Kants vorkritische Phase als Entschuldigung?

Ein weiterer Einwand lautet, dass die Schrift „Beobachtungen über das Gefühl des Schönen und Erhabenen" noch in Kants vorkritischer Phase entstanden ist, in der er ein Anhänger der Gefühlsmoral ist. Sie findet von Adam Smith, über

---

188   Ebd. 298.
189   Robert Bernasconi: *Kant as an Unfamiliar Source of Racism*. Oxford 2002. 153-154.

Hutcheson und Shaftesbury ihre Verbreitung. Das ist jedoch nicht zutreffend, da Kant bereits in der Preisschrift *„Schrift über die Deutlichkeit der Grundsätze"*, aus 1763, die Verbindlichkeit moralischer Urteile radikalisiert. So gesteht er ein: „Hutcheson und andere haben unter dem Namen des moralischen Gefühls hievon einen Anfang zu schönen Bemerkungen geliefert" (GSE 02, 300-23), „ … aber sie sind nur Anweisungen eines geschickten Verhaltens …" (GSE 02, 298-26). Das genügt aber nicht für ihn, denn wahre Tugend kann nur aus Grundsätzen gewonnen werden. Dabei beziehe ich mich nicht auf folgendes missverständliches Zitat: „Demnach kann wahre Tugend nur auf Grundsätze gepfropft werden, welche, je allgemeiner sie sind, desto erhabener und edler wird sie" (GSE 02, 217-11), aus der Schrift *„Beobachtungen über das Gefühl des Schönen und Erhabenen"*, sondern auf die viel deutlichere Aussage aus seiner Preisschrift (GSE 02, 295-1 bis 35): Nun giebt es freilich wohl viele unerweisliche Erkenntnisse, allein das Gefühl der Überzeugung in Ansehung derselben ist ein Geständniß, aber nicht ein Beweisgrund davon, daß sie wahr sind." Im §2 beruft er sich auf: „Die ersten Gründe der Moral sind nach ihrer gegenwärtigen Beschaffenheit noch nicht aller erforderlichen Evidenz fähig."

Er beginnt bereits seine zukünftige Moralphilosophie zu skizzieren. Alles praktische Handeln benötigt evidente Grundsätze, wie er hier ausführt und bisher wurden sie noch nicht geliefert:

> Um dieses deutlich zu machen, will ich nur zeigen, wie wenig selbst der erste Begriff der Verbindlichkeit noch bekannt ist, und wie entfernt man also davon sein müsse, in der praktischen Weltweisheit die zur Evidenz nöthige Deutlichkeit und Sicherheit der Grundbegriffe und Grundsätze zu liefern (GSE 02, 298-1).

Sind nun solche Grundsätze nicht vorhanden, dann sind alle Lehren der Moral nur Anweisungen für ein geschicktes Verhalten. Er entwickelt seine bekannte

Mittel-Zweck-Relation, die er später dem kategorischen Imperativ einverleibt, und er verbindet Notwendigkeit und Zweck.

> Die erstere Art der Notwendigkeit zeigt gar keine Verbindlichkeit an, sondern nur die Vorschrift als die Auflösung in einem Problem, welche Mittel diejenige sind, deren ich mich bedienen müsse, wie ich einen gewissen Zweck erreichen will. Wer einem andern vorschreibt, welche Handlungen er ausüben oder unterlassen müsse, wenn er seine Glückseeligkeit befördern wollte, der könnte wohl zwar vielleicht alle Lehren der Moral darunter bringen, aber sie sind alsdann nicht mehr Verbindlichkeiten, sondern etwa so, wie es eine Verbindlichkeit wäre, zwei Kreuzbogen zu machen, wenn ich eine gerade Linie in zwei gleiche Theile zerfällen will, d. i. es sind gar nicht Verbindlichkeiten, sondern nur Anweisungen eines geschickten Verhaltens, wenn man einen Zweck erreichen will (GSE 02, 298-16).

Ist Kants Moraltheorie hier noch nicht genauer ausgeprägt, zeigt sich bereits sein kritischer Vernunftansatz, der mit einer metaphysischen Komponente versehen ist, in der dieser fordert:

> Thue das Vollkommenste, was durch dich möglich ist, der erste formale Grund aller Verbindlichkeit zu handeln sei, so wie der Satz: Unterlasse das, wodurch die durch dich größtmögliche Vollkommenheit verhindert wird, es in Ansehung der Pflicht zu unterlassen ist. Und gleichwie aus den ersten formalen Grundsätzen unserer Urtheile vom Wahren nichts fließt, wo nicht materiale erste Gründe gegeben sind, so fließt allein aus diesen zwei Regeln des Guten keine besonders bestimmte Verbindlichkeit, wo nicht unerweisliche materiale Grundsätze der praktischen Erkenntniß damit verbunden sind (GSE 02, 299-10).

Die Pflicht führt Kant hier ebenso an, wie die materialen Gründe, die durch die praktische Vernunft hervorgebracht werden. Wenn Kant auch noch nicht die Menschheitszweckformel gefunden hat, so fordert er zumindest die

Vollkommenheit und was die Vollendung verhindert, das sollte unterlassen werden.

Kants praktische Philosophie ist zwar noch nicht ausgereift, aber sie beinhaltet bereits die wesentlichen Eckpfeiler der Moralphilosophie. Mann kann also nicht davon ausgehen, dass er in der Angelegenheit der Sittlichkeit, während der frühen Rassenschriften, eine andere Position bezogen hätte. Sie erfährt lediglich eine exaktere Ausformulierung, aber das Denken Kants bleibt hierarchisiert.

4.3. Bernasconi's Konsistenzprobleme von Moral und Rasse

Ein Argument, das Bernasconi vorbringt, in „*Kant as an unfamiliar source of Racism*" zielt daraufhin ab, dass die Sklaverei ein natürlicher Zustand ist, wie dies auch bei Aristoteles der Fall war. Wie bereits gezeigt, stützt sich das auf die Ausführung „Dienen nur zu Sklaven" (HN 15, 878-19). Damit wären die Sklaven keine Menschen mehr im herkömmlichen Sinne, weil ihnen vor allem wesentliche Talente und Dispositionen fehlen. Bernasconi ist auch der Ansicht, dass Kant, während dieser an der Anthropologie schreibt, nicht an der Ethik arbeitet.[190] Vor allem die mangelnde Vernunft, so könnte man argumentieren, würde die Sklaven ihrer Freiheit sowie ihrer Autonomie berauben und der kategorische Imperativ wäre nicht mehr anwendbar. Demgegenüber steht aber Kants Ablehnung des Kolonialismus, der eine Zivilisierung von „Wilden" für völlig ungerechtfertigt hält, ja sogar von „Verwerflichkeit" spricht (MS 06, 266-10) und dabei namentlich die Jesuiten erwähnt. Er ist auch der Ansicht, dass ein unbesetzter Landstrich, sofern

---

190 Robert Bernasconi: *Kant as an Unfamiliar Source of Racism.* Oxford 2002, 152.

Hirten oder Jäger darauf zugreifen, nur mittels Vertrag angeeignet werden kann.

> Wenn Anbauung in solcher Entlegenheit vom Sitz des ersteren geschieht, daß keines derselben im Gebrauch seines Bodens dem anderen Eintrag thut, so ist das Recht dazu nicht zu bezweifeln; wenn es aber Hirten= oder Jagdvölker sind (wie die Hottentotten, Tungusen und die meisten amerikanischen Nationen), deren Unterhalt von großen öden Landstrecken abhängt, so würde dies nicht mit Gewalt, sondern nur durch Vertrag und selbst dieser nicht mit Benutzung der Unwissenheit jener Einwohner in Ansehung der Abtretung solcher Ländereien geschehen können; ... (MS 06, 353-14).

Sogar die amerikanischen Ureinwohner, die er für die schlechteste aller Rassen hält, dürften nicht einfach enteignet werden. Bernasconi sieht aber hier keine Unvereinbarkeit. Er hält es für möglich, dass Kant eine Rassenvermischung befürchtet, wodurch die Weißen geschwächt und daran gehindert würden, ihre Vervollkommnung zu erreichen. Bernasconi gibt jedenfalls zu, dass dies nur Spekulation ist, aber die Verhinderung der Vermengung von unterschiedlichen Rassen „ ... is at the heart of his racial theory."[191] Kant widerspricht sich selbst, wenn er die Aneignung ablehnt aber „Neger", von Natur aus, als Sklaven bezeichnet, die nicht in der Lage sind, sich selbst zu regieren. Die Vermischung der Rassen wird auch von Susan Shell als ethischer Stolperstein betrachtet, da Kant die Aussicht auf einen Rassenmix abstößt.[192] Bernasconi unterstreicht das, mit: „Native Americans or Blacks that race mixing degrades ‚the good race' without lifting up ‚the bad race' proportionately." Diese Textstelle bezieht sich auf einen Gouverneur in Mexiko, der die Aufforderung zum Rassenmix des spanischen Hofs

---

191   Ebd. 159.
192   Susan Shell: *Kants Conception of a Human Race*: Albany 2006, 69.

zurückweist, was Kant ausdrücklich begrüßt.[193] Kant sagt selbst dazu in einer seiner Vorlesungen: „Was soll man sagen, werden die Rassen zusammenschmelzen oder nicht? Sie werden nicht zusammenschmelzen, und es ist auch nicht zu wünschen. Die Weißen würden degradiert werden."[194] Zur Wiederholung sei nochmals auf die Stelle hingewiesen, die eine Vermischung der Rassen aus Gründen der Vollendung verbietet, weil sie dem Philanthropismus nicht zuträglich ist, aus Gründen einer Degradierung der Weißen Rasse, die sich durch die Vermischung von Gut und Böse ergibt. Für Bernasconi ist auch das Zitat *„Zum ewigen Frieden"*, in der die Natur dafür sorgt, dass Völker getrennt verbleiben, aufgrund von Sprache und Religion (ZeF 08, 367), ein Indiz für Kants Abwehr der Vermischung der Rassen. Christoph Horn ist allerdings der Ansicht, Kant müsse so interpretiert werden, dass die Natur vorsorgt, um Kriege zu vermeiden. Für das Thema der Rasse spielt diese Diskrepanz, meines Erachtens keine besondere Rolle. Aus der Betrachtungsweise von Bernasconi wird der Kosmopolitismus von Kant relativiert, der anscheinend seine Berechtigung ausschließlich im Handel sieht. Der weitere Verweis „All races will be extinguished ... only not that of the whites" (HN 15, 878-19) hebt Kants düstere Visionen hervor, dass womöglich bis auf die Weißen alle ausgelöscht werden und bei einer Vermischung von Rassen, möglicherweise dann niemand mehr übrig bleibt.[195] Bernasconi sieht Kant in einem bedrückenden Licht, dessen Moraltheorie haltmacht vor den farbigen Rassen, jedoch nicht vor den Weißen. Für ihn kommt damit der

---

193 Robert Bernasconi: *Kant as an Unfamiliar Source of Racism.* Oxford 2002, 155. Auch von Poliakov zitiert aus: *Worin besteht der Fortschritt zum besseren Menschengeschlecht.*

194 Arnold Kowalewski (Hg.): *Die philosophischen Hauptvorlesungen Immanuel Kants.* München 1924, 364. Siehe auch: Robert Bernasconi: *Kant as an Unfamiliar Source of Racism.* Oxford 2002, 158.

195 Robert Bernasconi: *Kant as an Unfamiliar Source of Racism.* Oxford 2002, 159.

„Kategorische Imperativ" bei diesen Menschen nicht zur Anwendung. „Kant characterizes Blacks, Native Americans, and to a certain extent other races as well, in ways that suggest that they lack the autonomy to count as full moral agents." Bernasconi sieht die Moraltheorie damit insgesamt in Gefahr, wobei er warnt, diese Spannungen zugunsten einer Lösung nicht zu ignorieren.[196]

Aber auch Susan Shell sieht die Moralphilosophie in Gefahr: „This ambiguity is especially important, given Kants late insistence (in *Religion within the Limits of Reason Alone*) that our willingness to make an effort is, in the last analysis, the *only* thing that is morally imputable to us. The responsibility of the inferior races for their lack of development - their unwillingness, so to speak, to make an effort - is no less morally ambiguous."[197] Außerdem hält sie einen nicht unwesentlichen Einwand parat: Wenn die menschliche Vernunft nicht selbstgenerierend ist, und ihre Herkunft in den natürlichen Anlagen hat, wie kann das den Menschen, insbesondere den „niedrigeren Rassen", angerechnet werden.[198]

4.4. Racial Liberalism von Charles Mills

Charles W. Mills bearbeitet in seinem Essay „*Kants Untermenschen*" den Rassismus und seine Auswirkungen bis in die Neuzeit. Das zeigt sich in der Gegenwart in den USA, in der Anzahl der Philosophen, die durch maximal ein Prozent Schwarze, weniger als ein Prozent Latinos und noch weniger asiatische und amerikanische Ureinwohner repräsentiert werden.[199] Ausgehend davon, dass die Philosophie mit Person und Welt operiert, haben

---

196 Ebd. 161.
197 Susan Shell: *Kants Conception of a Human Race*: Albany 2006, 67.
198 Ebd. 68.
199 Charles W. Mills: *The racial Contract*. Ithaca 1997, 2.

bereits Feministinnen darauf hingewiesen, dass Frauen vom Personenbegriff oft ausgeschlossen sind. Mills versucht nun diesen Ansatz der Person zu untersuchen, um zu zeigen, dass farbige Rassen bei Kant keinen Personen-Status besitzen und daher von seiner Moralphilosophie ausgenommen sind.

Mills definiert den Personenbegriff folgendermaßen: „Persons is the nonsexist way of referring to humans, instead of calling them ‚men'."[200] An Stelle des Terminus „Mensch" dürfen wir daher auch Person verwenden. Grundsätzlich wird davon ausgegangen, dass die Idealvorstellung, alle Menschen seien gleich, sowohl von Rechts wegen, als auch von politischer Seite her, eine Tatsache wäre und Rassismus, als auch Sexismus nur Deformierungen dieser Sichtweise sind. Für Mills ist ebenso wie für Enrique Dussel, David Theo Goldberg und Lucius Outlaw, seit der Aufklärung, Gleichheit nur mehr ein Status für weiße Männer.[201] Person kommt nur den weißen Europäern zu, während alle anderen als Barbaren und Wilde gelten. Mills versucht nun in einem logischen Schluss darzustellen, wie der Personenstatus sich darstellt. T steht für die moderne, weiße, westlich-philosophische Ausrichtung, p für Person und sp für Unterperson (subperson)

> T behauptet Gleichheit für alle p, wobei p Rasse-Neutralität bedeutet. Rassistische Bemerkungen sind dann die Ausnahme und nicht ein Teil von T.

Mills schlägt alternativ vor:

> T behauptet Gleichheit für alle p, wobei Weißsein eine notwendige Bedingung ist, um p zu sein.

---

200   Charles W. Mills: *Kants Untermenschen*. In: Racism in modern Philosophy. Ithaca 2005, 169.
201   Ebd. 170.

T behauptet Ungleichheit für alle sp, wobei Nicht-Weißsein eine hinreichende Bedingung für sp ist.

Rassistische Unterscheidungen sind dann Teil von T und keine Ausnahme.[202]

Für Mills ist nun klar, wenn wir diese Annahme akzeptieren, dann ist unser Konzept des Liberalismus, der westlichen Moralvorstellung und der politischen Theorie eine mehrfach-gestaffelte Ideologie, wonach Frauen und Nicht-Weiße, keinesfalls auf der obersten Stufe stehen können.[203] Tatsächlich zeigt die moderne Geschichte genau diese Unterschiede, wenn man den Sklavenhandel über die Jahrhunderte betrachtet, die Vernichtung der Juden im NS-Regime und die immer noch strukturelle Unterdrückung der Frau. Für Mills geht es darum, diese Aspekte deutlich zu machen, um hinter die Mechanismen der Unterdrückung blicken zu können.

Kant ist für Mills ein bedeutender Theoretiker der Person,

> ... whose deontological (duty-based/rights-respecting) version of liberalism now dominates moral and political discourse, having triumphed over the previously dominant consequentialist (welfare-based/utilitarian) version of liberalism originally associated with Jeremy Bentham and John Stuart Mill.[204]

John Rawls, mit seiner Theorie der Gerechtigkeit, zeigt, dass der Utilitarismus keinen klaren Personenbegriff hat, indem die Mehrheit die Minderheit bestimmen kann, in Form von richtigen und falschen Entscheidungen. Der Kantianismus unterscheidet zwischen Recht und Moral. Die rechtliche Grundlage meint, alle Personen sind gleich und daher dürfen diese Rechte

---

202   Ebd. 171. Übersetzung vom Autor der Masterthesis.

203   Eine genauere Unterteilung, wie sie Mills vornimmt, in Geschlechter und Rassen kategorisiert, ist für Kants Rassentheorie hier nicht notwendig.

204   Charles W. Mills: *Kants Untermenschen*. 2005, 172.

nicht verletzt werden. Die Moral aber ruft bei den Menschen einen Modus operandi hervor, der sie aufgrund von Geburt, Reichtum, Ehre und Kraft verleitet zu glauben, sie würden über den anderen Menschen stehen.[205] Diese Interpretation finde ich äußerst zutreffend, zeigt sich doch in moralisierenden, religiösen Gesellschaften eine starke Ausdifferenzierung von Eigenem und Fremdem, von Menschen die einem auserwählten Kreis angehören und solchen, die einer sicheren Vernichtung entgegengehen. Allen Wood, der in Kant einen bedingungslosen Egalitaristen sieht, weil er den Menschen Würde und Wert gleichermaßen absolut zuschreibt (wie bei Horn bereits betrachtet, trifft das nicht zu), kritisiert aber genau die Klassifizierung der Menschen in gut und böse und damit deren Hierarchisierung. Denn Kant produziert eine „... full blown theory of race ..." in seinen anthropologischen Schriften, die zumeist ignoriert werden. Er ging davon aus, dass Schwarze und Amerikaner von Natur aus zur Sklaverei gemacht sind, die Weißen durch Rassenvermischung nur degradieren können und der Hoffnung Ausdruck verleiht, dass die ganze Welt irgendwann „weiß" wird.[206]

Das Problem das nun Mills, wie auch Bernasconi sieht, ist die Inkohärenz von Kants Philosophie bezogen auf die Moral- und politische Philosophie, denn niemand, auch nicht die hier genannten Verteidiger Kants, bestreiten seine, aus unserer Sicht, rassistischen Äußerungen. Es darf die Frage gestellt werden, ob es eine Unterscheidung gibt in Kants Werken, die zwischen Personen mit vollem moralischen Status, bzw. Unterpersonen ohne moralischen Status differenzieren. Die These Mills versucht anhand von drei Zugängen sich dieser Thematik zu nähern: 1. Die Implikationen von Kants Theorie

---

205 Vgl. Ebd. 173. Siehe auch: Allen W. Wood, General Introduction, *Immanuel Kant: Practical Philosophy*, trans. and ed. Mary J. Gregor (New York: Cambridge University Press, 1996), xvii.

206 Ebd. 175.

aufzuzeigen, die Personen von Unterpersonen trennt, 2. Zitate und Bemerkungen von bestimmten Passagen, die darauf hindeuten und 3. Die Evidenz der Auslassungen. Mills meint hier „textual silence"[207].

Beginnen wir mit Punkt 1. Wie bereits gesehen, kann man Kant dahingehend interpretieren, dass die Schwarzen und Amerikaner, aufgrund ihrer Konstitution, nicht in der Lage sind sich selbst zu entwickeln und moralisch zu reifen. Die Asiaten können zwar keine abstrakten Konzepte verfassen, aber sie sehen zumindest wie Philosophen aus. Mills geht davon aus, Kant schwebt eine vernunftmäßige Grenze vor, ab wann Menschen in der Lage sind, autonom zu handeln. Nachdem Kant immer von der Bedingung der Möglichkeit von ... spricht, liegt es auch nahe, seine Transzendentalphilosophie ins Spiel zu bringen und so meint Chukwudi Eze: „The inferiority of the Negro, as proposed by Hume, is now in Kant successfully grounded in transcendental philosophy.[208] (Hill und Boxill argumentieren allerdings, dass Rasse für Kant ein empirisches Aposteriori ist).[209] Mills argumentiert nun folgendermaßen am Beispiel des kategorischen Imperativs. Wenn alle Personen mit Respekt zu behandeln sind, dann muss davon ausgegangen werden, dass Person ein technischer Terminus ist, der regelt, ab wann jemand seine Vernunft einsetzen kann, um moralisch zu handeln. Indes ist auf diesem Planeten, Weißsein eine notwendige, aber noch nicht hinreichende Bedingung, da das weibliche Geschlecht, eine weiße Frau, unterdrückt wird.

Unterstützt wird das durch Punkt 2, der zeigt, dass Amerikaner und Schwarze, Wilde sind und als natürliche Sklaven zu betrachten sind, wie bereits

---

207 Ebd. 176.

208 Vgl. Ebd. 177. Siehe auch: Emmanuel Chukwudi Eze, *Achieving Our Humanity: The Idea of the Postracial Future* (NewYork: Routledge, 2001), 104-5.

209 Ebd. 181.

beschrieben. Entscheidend ist, welchen Stellenwert sie in der menschlichen Geschichte, der Teleologie Kants, einnehmen und wie Larrimore zu entnehmen ist, dass sie nichts beizutragen haben, um die Menschheit zu vervollkommnen. Diese Ausführungen finden sich in einem der nachfolgenden Kapitel „Larrimore's Schicksal des Menschen".

Der dritte Punkt ist schon schwieriger, da Dekonstruktion, im strengen Sinn, kein Beweis ist. Bernasconi hat, wie bereits gezeigt, hingewiesen, dass Kant den Sklavenhandel in keiner Weise explizit verurteilt, trotz der Bemühungen von Pauline Kleingeld, das Gegenteil zu beweisen, was aus meiner Sicht nicht wirklich gelingt. Dies ist im folgenden Kapitel „Kleingeld's Kosmopolitismus" nachzulesen. Zur Zeit Kants war der Sklavenhandel nicht am Beginn, sondern voll im Gange und sein Schweigen darüber kann nur verstanden werden, die Sklaven nicht unter der Hinsicht des Personenstatus einzuordnen, wenngleich er sie als Menschen versteht. Mills dazu: „Note that one can condemn the cruelties of slavery, as some reformers did, while still being anti-abolitionist. Obviously, the ethical desideratum is the principled condemnation of the institution as such."[210] Vielleicht übersieht hier Mills doch einige Aussagen, die sich auf die Selbstregierbarkeit der Völker beziehen, in Kants Friedensschrift. Es könnte aber auch sein, was er hier nicht erwähnt, dass er Kants Kosmopolitismus nur wegen der Auswirkungen auf den Handel beschränkt sieht, wie das Guide Horn darstellt.

Zu berücksichtigen sind die Verteidiger Kants, die manchmal unwissenschaftlich argumentieren, wie Robert B. Louden, der meint, man solle sich auf die Theorie Kants stützen und nicht auf dessen Vorurteile. Obskur kann man Rudolf Malters Versuch bezeichnen, ein deutscher Philosoph des 20. Jahrhunderts und ein Mitglied der Gesellschaft der Freunde Kants, die Rassentheorie Kants zu verherrlichen. Er behauptet, die Theorie der

---

210   Ebd. 178.

Rassen ebne nicht den Weg für den Rassismus, sondern sei der stärkste Einwand dagegen, weil die Gleichheit der Menschen erfassbar ist für die reine Vernunft.[211] Mills Beurteilung der Vernunft jedoch lautet: 1. Allen vernünftigen Wesen ist mit Respekt zu begegnen und 2. es ist kein a priori, dass alle menschlichen Wesen notwendigerweise vernünftig in vollem Ausmaße sind.[212]

Allen Wood, wie die Mehrzahl der Kant Befürworter (so auch im deutschen Sprachraum), ebenso wie Louden, Hill und Boxill sehen in der Rassentheorie des Weltweisen keinerlei gröbere Beeinträchtigungen seiner politischen oder praktischen Philosophie, weil sie als nicht essentiell betrachtet wird. Sie gehen von dem Standpunkt aus, dass Rassismus einen geringeren Stellenwert als die anderen Theorien hat und damit aufgehoben wird. „T", die moderne, weiße, westlich-philosophische Ausrichtung, legt fest, welche Theorie nun essentiell ist. Aber es geht ja nicht darum, was die Philosophen heute als essentiell einstufen, sondern wie Kant selbst darüber dachte und da sind Frauen und Nicht-Weiße klar nach heutigen Maßstäben desavouiert, und nicht als Person zu betrachten.[213]

Entscheidend für Mills ist nun die Betrachtung des synthetischen a priori und seines Wahrheitsgehaltes in Hinsicht auf Kants Moraltheorie. Für Kant gibt es synthetische Urteile a priori, die durch reine Vernunft erkennbar sind und der kategorische Imperativ ist einer davon. Mills Reformulierung lautet nun (CI – Categorial Imperative):

---

211 Vgl. Ebd. 178. Siehe auch: Mark Larrimore: *Sublime Waste*. 1991, 100. Original: Rudolf Malter. *Der Rassebegriff in Kants Anthropologie*; in Die Natur des Menschen. Probleme der Physischen Anthropologie und Rassenkunde (1750-1850), ed. Gunter Mann und Franz Dumont (Stuttgart & New York: Gustav Fischer Verlag. 1990), 121-22).

212 Ebd. 178.

213 Ebd. 179.

CI: All persons should be treated with respect. Status: (supposedly) synthetic a priori truth. CENTRAL

Auxiliary claim: Whiteness is a prerequisite for personhood. Status: empirical a posteriori claim. PERIPHERAL[214]

Nach dieser Maßgabe hat nun die Rassentheorie Kants maßgeblichen Einfluss auf seine Philosophie und diese Aufteilung gewährleistet die Ansicht, welcher Teil als zentral zu verstehen ist und welcher als peripher.

Zuletzt ist zu erwähnen, dass Charles Mills, Eze's Bemühungen ob Rasse nun transzendental durch Vernunft einsehbar ist oder empirisch a posteriori erkennbar bleibt, als unnötige Beweisführung darlegt. Wesentlich sind für ihn die graduellen Abstufungen, die Kant nicht unbedingt explizit vornimmt und damit den Nicht-Weißen ihren Personenstatus raubt.

> One does not have to claim that for Kant nonwhites are nonhumans; one just has to assert that for him (and others) humans come in different subcategories and that not all humans make it to the (full) "person" level.
>
> This, then, with variants in (I) (Eze's version is not the only possibility), would be the case for the prosecution: when Kant urged on us the overwhelming importance of respecting persons, he was really talking (on this planet) about whites (more precisely, a subset of whites).[215]

Nachtragen ist noch ein Zitat über Mills von Maria Maisha Eggers, die sich mit dem Konzept des „Racial Contract" beschäftigt, der quasi ein Äquivalenzmodell zu Rousseaus Gesellschaftsvertrag darstellt, indem Unterdrückte und Unterdrücker einen ungeschriebenen, aber praktizierten Vertrag akzeptieren. Sie unterstützt die These, „ ... dass für Kant Full Personhood von der Zugehörigkeit des jeweiligen ‚Subjekts' zu einer

---

214   Ebd. 181.
215   Ebd. 183.

rassifizierten Kategorie abhängig ist. Als Differenzierungsmerkmal nennt Kant das Talent zur Rationalität."[216]

4.5. Kleingeld's Kosmopolitismus und die Aufhebung der Rassenunterschiede

Pauline Kleingeld stellt eine Position zur Debatte, die im Grund nicht sehr weit entfernt von Bernasconi ist, allerdings ist sie der Meinung, dass Kant seinen Rassismus ab Mitte der 1790er Jahre, zugunsten seines kosmopolitischen Verständnisses, nicht mehr weiterverfolgt.

Sie stellt zuerst fest, dass Bernasconi, Eze und Mills die universalistische Theorie Kants bestreiten, Louden, McCarthy, Hill und Boxill betonen, trotz aller rassistischen Bemerkungen, den universalistischen Charakter und Sankar Muthu glaubt, dass Kant den Rassismus in der kritischen Phase aufgibt. Kleingeld ist der Ansicht, die Rassenhierarchie wird bereits am Ende der 1780er Jahre aufgegeben, nach der Herausgabe von „*Über den Gebrauch teleologischer Principien in der Philosophie*" und vor der Schrift „*Zum ewigen Frieden*".[217] Tatsächlich führen die moralphilosophischen Schriften und die Rassenschriften in den 1780er Jahren, zu einer Kontroverse, welche die Fachwelt entzweit. Robert Louden, den Kleingeld zitiert, meint: „But Kant's theory is fortunately stronger than his prejudices, and it is the theory on which philosophers should focus."[218] Charles Mills dagegen behauptet: „ ... Kant intends to apply the Categorical Imperative and the Principle of Right to

---

216 Maureen Maisha Eggers: *Rassifizierte Machtdifferenz als Deutungsperspektive in der kritischen Weißseinsforschung in Deutschland*. Münster: 2. Auflage 2009, 59.
217 Pauline Kleingeld: *Kants Second Thoughts on Race*. 2007, 575.
218 Ebd. 582.

whites only"[219]. Mills sieht in Kants Universalismus nur eine Gerechtigkeitstheorie für Weiße, die vollen Personenstatus innehaben. Kleingeld lässt dagegen Kant folgendes vorbringen:

> Nun sage ich: der Mensch und überhaupt jedes vernünftige Wesen existirt als Zweck an sich selbst, nicht bloß als Mittel zum beliebigen Gebrauche für diesen oder jenen Willen, sondern muß in allen seinen sowohl auf sich selbst, als auch auf andere vernünftige Wesen gerichteten Handlungen jederzeit zugleich als Zweck betrachtet werden (GMS 04, 428-11).

Wenn sie weiter argumentiert, dass wir überall dort, wo wir Menschen vorfinden auch gleichzeitig Rationalität antreffen, dann übersieht sie die hier reichlich referierten Aussagen Kants, die den farbigen Rassen eben die Vernunft abspricht, wie bereits zitiert in (GSE 02, 245-32f), wonach Schwärze für Dummheit steht und auch das Zitat (HN 15, 878-19) in welchem die Menschen nicht fähig sind, sich selbst zu regieren aber auch noch einige bereits zitierte Ausführungen mehr. Aber Kleingeld argumentiert, dass Kant im Laufe der Zeit immer weniger rassistisch wurde. Sie gibt auch zu, in dieser Zeit „What this shows is that Kant was an inconsistent universalist" und nicht ein „consistent inegalitarianism". Sie räumt aber ein, dass Kant sich nicht explizit gegen die Sklaverei, in den 1780er Jahren, ausspricht.[220]

Kleingeld argumentiert, in den 1790er Jahren führt Kant seinen Kosmopolitismus ein und beginnt auch zu unterscheiden zwischen „international right" und „cosmopolitan right". Erstes bezieht sich auf Regeln zwischen den Staaten und Zweites kommt bei den Individuen zur Anwendung, die regelt, wie Weltbürger miteinander zu verkehren haben und infolgedessen mit Sklaverei und Kolonialismus unvereinbar sind. Für sie ist klar, Kant wendet sich radikal in seinem Rassenverständnis, ohne dass er dies

---

219   Ebd. 583.
220   Ebd. 584, 585.

ausdrücklich erwähnt, außer indirekt durch seine Schrift „*Zum Ewigen Frieden*".

> Vergleicht man hiemit das inhospitale Betragen der gesitteten, vornehmlich handeltreibenden Staaten unseres Welttheils, so geht die Ungerechtigkeit, die sie in dem Besuche fremder Länder und Völker (welches ihnen mit dem Erobern derselben für einerlei gilt) beweisen, bis zum Erschrecken weit. Amerika, die Negerländer, die Gewürzinseln, das Cap etc. waren bei ihrer Entdeckung für sie Länder, die keinem angehörten; denn die Einwohner rechneten sie für nichts (ZeF 08, 358-29).

Ein klares Statement gegen den Sklavenhandel, den Bernasconi nicht beachtet, wenn er meint, Kant hätte sich nicht dagegen geäußert, zeigt sich aber in den „Vorarbeiten zum ewigen Frieden":

> Der Negerhandel der schon an sich Verletzung der Hospitalität des Volks der Schwarzen ist wird es noch mehr für Europa durch seine Folgen. Denn nun wird auf die Größe der Seemacht welche die zum Verkehr mit den Zuckerinseln vermehrte Menge der Matrosen verschafft und auf die Kriege gerechnet die damit geführt werden können theils um die Menschenzahl in Masse auf dem Seegrunde zu begraben theils alle Küsten zu verheeren oder auch ganze Völker theils durch Hemmung des Umlaufs der Lebensmittel langsam durch Hunger umkommen zu lassen. - Die Länder von Amerika waren kaum entdeckt als sie nicht allein durch abgedrungene oder erschlichene Niederlassung sondern selbst die Einwohner theils als herrenloses Gut zu Sklaven gemacht oder auch aus ihren Sitzen verdrängt und durch innere Kriege aufgerieben worden ... (HN 23, 174-4)

Kant wendet sich in diesem Zitat vor allem gegen die Verletzung des kosmopolitischen Rechts, so Kleingeld, aber auch gegen die Folgen für Europa. Liest man das Zitat teleologisch, so kann dieses Zitat auch anders verstanden werden. Kleingelds Einwand, dass Kant den Sklavenhandel auch in der Metaphysik der Sitten verbietet, ist alles andere als klar, weil es hier um

Regeln für den Hausstand geht, und nicht um farbige Rassen, in dem ein Hausherr ein Sachenrecht auf Diener geltend machen kann (MS 06 283-10). Ein Vertrag über ein Eigentum eines Menschen ist zwar hier „null und nichtig" in dazugehörigen Vermerk aber darf er entlaufenes Gesinde „ ... durch einseitige Willkür in seine Gewalt bringen".

Einen weiteren Punkt von Kant, der die Amerikaner in seinen frühen Schriften noch als schwach und faul bezeichnet, versucht Kleingeld wieder durch eine Stelle aus „*Zum ewigen Frieden*" zu entschärfen, indem Kant hier die „Wilden" mit den tapferen Rittern vergleicht. Es stellt sich die Frage, ob nicht auch bei uns schwache Menschen in Kriegszeiten, beim Gegenüberstehen des Feindes, mit dem Mut der Verzweiflung kämpfen. Insofern finde ich diese Passage unzutreffend.[221]

Die „*Anthropologie in pragmatischer Hinsicht*", als Untersuchungsgegenstand eines Einwandes ist jedoch von größerem Interesse. Kant gibt selbst zu, dass die Kenntnis der Menschenrassen nicht pragmatischer, sondern theoretischer Natur sind und somit in der Anthropologieschrift, nur extrem verkürzt behandelt werden (Anth 07, 120-6). Da die Schrift darstellt, was der Mensch aus sich machen soll und nicht was die Natur aus dem Menschen macht, hat das auch mit den ethischen Implikationen zu tun. Indes Kant im Besonderen auf die Pragmatik verweist, könnte man davon ausgehen, dass auch Menschen anderer Rassen, als moralisch handelnde Wesen zu betrachten sind.

Kleingeld spricht in dieser Schrift auch die Rassenmischung an und das folgende Zitat könnte durchaus darauf hindeuten, dass die Natur sich die Verschmelzung der Rassen zum Gesetz macht:

> Hier hat die Natur statt der Verähnlichung, welche sie in der Zusammenschmelzung verschiedener Rassen beabsichtigte, gerade das

---

221   Ebd. 589.

> Gegentheil sich zum Gesetze gemacht: nämlich in einem Volk von derselben Rasse (z. B. der weißen), anstatt in ihrer Bildung die Charaktere beständig und fortgehend einander sich nähern zu lassen - wo dann endlich nur ein und dasselbe Porträt, wie das durch den Abdruck eines Kupferstichs herauskommen würde, - vielmehr in demselben Stamme und gar in der nämlichen Familie im Körperlichen und Geistigen ins unendliche zu vervielfältigen (Anth 07, 320-24).

Bis auf die ersten beiden Zeilen, handelt es sich um die Vorsorge der Natur, soviel als mögliche, unterschiedliche Charaktere hervorzubringen. Unklar ist die Einleitung in das Zitat, weil er 12 Zeilen davor Folgendes sagt:

> So viel ist wohl mit Wahrscheinlichkeit zu urtheilen: daß die Vermischung der Stämme (bei großen Eroberungen), welche nach und nach die Charaktere auslöscht, dem Menschengeschlecht alles vorgeblichen Philanthropismus ungeachtet nicht zuträglich sei).

Hier fällt Kant in das alte Muster zurück, wonach eine Vermischung der Rassen die Weißen verunreinigt und die Vollkommenheit nicht erreicht werden kann. Die Friedensschrift will die Trennung von Völkern und ist nicht mehr nur auf diejenige der Rassen beschränkt: „Aber die Natur will es anders. - Sie bedient sich zweier Mittel, um Völker von der Vermischung abzuhalten und sie abzusondern, der Verschiedenheit der Sprachen und der Religionen ..." (ZeF 08, 367-20). Kleingeld zieht daraus den Schluss - im Vergleich mit den „Vorarbeiten zum ewigen Frieden" - weil Kant nicht mehr von Rassen spricht, ist es daher ein Beweis für schwindenden Rassismus. „Die Verschiedenheit der Raçen, der Sprachen und der Religionen macht so viele Trennungen die letztere aber gar offensive Kriege" (NH 23, 170-25). Aus meiner Sicht ist das eine höchst problematische Betrachtungsweise, besonders vor dem Hintergrund der Interpretation Horns, der die Vermischung der Völker noch als Kriegshindernis betrachtet.

Pauline Kleingeld sieht trotz der Verteidigung Kants immer noch Probleme. So bleibt der Status der Frauen, aus Kants Sicht, unverändert,[222] ebenso wie das Konzept der Keime, die nie vollständig verschwinden aus Kants Arbeit und sie gibt auch zu: „One difficulty with this possible explanation, however, is that he did not give up the concept of race as a biological category, but only the hierarchy of the races and the associated 'moral characterization'."[223] Kant vertritt nach wie vor eine biologische Rassifizierung, aber er gibt seine Hierarchisierung und moralische Charakterisierung auf, wegen seiner immer weiteren Verfeinerung der Rechtstheorie und der politischen Theorie, und ist der Überzeugung, das menschliche Geschlecht, einer friedlichen Welt, durch eine weltbürgerliche Verfassung näherzubringen (ZeF 08, 358-25).

Christoph Horn schätzt Kleingelds Bemühungen durchaus und ist der Ansicht, dass Kant, unter dem Einfluss Forsters, sich vom Rassismus hätte abwenden können, es aber in seinen Schriften, entgegen ihrer Ausführungen, nicht sichtbar wird.[224]

4.6. Larrimore's Schicksal des Menschen

Für Mark Larrimore gibt es drei Perspektiven der Philosophie Kants in rassentheoretischer Hinsicht. 1. Nur die Europäer sind richtige Menschen, alle anderen sind unvollkommen. 2. Rassen sind für die Welt klimatisch vorbereitet und dies ist ihr Schicksal und 3. Das Ziel der Natur ist so viele Individuen wie möglich hervorzubringen, einhergehend mit dem Inzuchtverbot innerhalb der Familien und der Auflage, die Rassen nicht zu vermischen.

---

222   Ebd. 586.
223   Ebd. 592.
224   Christoph Horn: *Nichtideale Normativität*. Berlin 2014, 93.

Alle diese drei Standpunkte, sowie auch mögliche Kombinationen zwischen den Positionen, befriedigen den Essayisten nicht. Es gibt nur eine einzige Lösung, und die ist in der Teleologie begründet, die auf das Schicksal der menschlichen Geschichte verweist, die, wie wir bereits gesehen haben, ebenfalls teleologisch zu deuten ist. Die Entwicklung der menschlichen Natur ist nur möglich in einer kosmopolitischen, republikanischen Föderation der gesamten Welt. Kant insistiert auf einer Geschichtsbeurteilung, die sich in einer augenscheinlichen Weiterentwicklung zeigt. Es darf uns dabei nicht stören, dass die Geschichtsphilosophie Kants nicht mit der Theorie der Rassen in Verbindung gebracht wird, weil diese keinerlei Belege bezüglich der Geschichte aufzuweisen hat. Das Ziel der Natur ist nicht die bloße Menschenverteilung über den Globus oder die maximale Anzahl von unterschiedlichen Individuen, sondern die Freiheit, welche durch eine menschliche Kultur sichtbar wird, die sich selbst, in einer friedlichen Welt, zu regieren vermag. Die Konklusion bezüglich der Rassen lautet nun:

„Kants philosophy of history can easily be read as applying only to whites." ... „Could Kant have conceived of the (non-white) races as an unsalvageable waste, a mistake, meaningless in the grand teleological scheme of things? I think so. From the start Kants view of nature was one of vastness, a dynamic system in which human beings - however special for being rational - are puny, and a kind of waste is everpresent."[225] „Die Natur verfährt mit Menschen nicht gelinder als mit Pflanzen- u. Thierarthen. Durch die Fruchtbarkeit ersetzt sie überschüßig den Verbrauch derselben ohne daß man naturwiedrige Mittel brauchen darf." (NH 13, 498). Wenn Kant sagt, die Natur verhält sich gegenüber dem Menschen genauso wie gegenüber Pflanzen und Tieren, dann meint er nicht, dass Letztere eine teleologische Aufgabe haben; er will nur ausdrücken, dass eine Wüstenei oder Ödnis Voraussetzung für die Welt als

---

225   Mark Larrimore: *Sublime Waste*. 1991, 118.

solches bedeutet, um vielleicht auch in einem Kreislauf wieder Neues hervorzubringen. Kant dazu:

> Wir dürfen aber den Untergang eines Weltgebäudes nicht als einen wahren Verlust der Natur bedauren. Sie beweiset ihren Reichthum in einer Art von Verschwendung, welche, indem einige Theile der Vergänglichkeit den Tribut bezahlen, sich durch unzählige neue Zeugungen in dem ganzen Umfange ihrer Vollkommenheit unbeschadet erhält ... Der Mensch, der das Meisterstück der Schöpfung zu sein scheint, ist selbst von diesem Gesetze nicht ausgenommen (AA I NTH, 318-12).

In seinem Werk „*Allgemeine Naturgeschichte des Himmels*" spielt Kant ein fiktives Szenario durch, in dem Jupiter, Saturn, Mars, Venus und Merkur von Wesen bewohnt werden. Die Venusianer können aufgrund der Gravitation ihre Zivilisation letztlich nicht aufrechterhalten, sie werden aussterben. Es könnten aber auch die Bewohner des Saturn im Überlebenskampf erliegen, was Kant nicht ausschließt, obwohl sie stark und vernünftig sind. Mit diesem Beispiel will Kant zeigen, dass ein Gott letztlich in seinem teleologischen Auswahlverfahren nicht Einzelinteressen bevorzugt. Ein Gott, der nur auf ein Detail sieht, wäre ein „penny-pincher", wie Larrimore schreibt. Das Beispiel der Venus kann man betrachten als Schicksal der farbigen Rassen.[226] Die Bewohner des Merkur und der Venus, sind weit unter der Vollkommenheit der menschlichen Natur, so wie Grönländer oder Hottentotten unter Newton hierarchisch stehen (NTH 01, 359-35f).

Larrimore, der Kants Moralphilosophie nicht in Konflikt mit der Rassentheorie sehen möchte, zieht nun den folgenden Schluss. „Kants views of nature and history thus make it at least possible that Kant thought that the (non-white) races were useless, a waste."[227] Aber Larrimore fragt sich,

---

226   Ebd. 120.
227   Ebd. 122.

weshalb hat die Natur Keime vorgesehen. Er sieht die Verbindung in den Triebfedern, in der Tatsache einer weltumspannenden Besiedelung, begründet. Erst diese Triebfedern ermöglichen die Talente, führen zur Aktivität und zeigen sich in der Bildungsfähigkeit, also all jenen Merkmalen, die vor allem den Amerikanern und „Negern" fehlen.

Nichtsdestotrotz darf aber nicht übersehen werden, trotz dem Schweigen Kants zum Sklavenhandel, dass alle Rassen sich aus Menschen zusammensetzen und sie entsprechend seiner Rechtslehre zu behandeln sind. Demnach ist das Recht auf Eigentum und das Recht sich selbst zu regieren auch diesen Völkern nicht abzusprechen (MS 06, 353-10). Außerdem ist Kant der Ansicht, wenn ihnen auch der Antrieb zur Arbeit fehlt, so ist in ihnen ein Funke der Freiheit enthalten, der allen Menschen zu eigen ist. Denn auch die Weißen besitzen ihre Freiheit immer nur der Möglichkeit nach, niemals haben sie diese verwirklicht (GMS 04, 407-4f). Als Mitglieder eines Reichs der Zwecke, das nur ein Ideal ist, müssen wir aber so handeln als ob (GMS, 04 433-26). Demgegenüber steht andererseits die Ansicht, die Farbigen wären nicht autonom genug, weil ihnen die Dummheit die Vernunft raubt, der Antrieb zur Arbeit oder auch zur Kultur fehlt. Die Nicht-Weißen werden dargestellt, als wären sie Kinder, die nicht voll verantwortlich sind, ähnlich den Frauen, die ewig unreif oder „unfertig" bleiben. Hier versucht Larrimore, Kants System als Ganzes zu retten, indem er die farbigen Rassen in die Moralphilosophie mit hineinnehmen möchte, was nach meiner Meinung nicht gelingen kann, wie das Bernasconi und Mills zeigen, wenngleich auch ihre Argumente nicht zur Gänze überzeugen können. Hier ist noch einige Forschungsarbeit nötig.

Die Rassenvermischung stellt sich zwar problematisch dar, muss aber trotzdem nicht mit dem kategorischen Imperativ in Kollision geraten, der da lautet: „Handle so, daß du die Menschheit sowohl in deiner Person, als in der Person eines jeden andern jederzeit zugleich als Zweck, niemals bloß als

Mittel brauchst" (GMS, 04, 429-10). Der Imperativ wird heute zumeist so gelesen, dass hier das Subjekt angesprochen wird, aber im 18. Jahrhundert wurde hier eher die Spezies darunter verstanden, als das Individuum. „The injunction allows of a reading - counterintuitive today but decidedly not in the eighteenth century - in which respect for the humanity in each person as an end has to do with species-being rather than the individual."[228] Aber auch Volker Gerhardt, der ein ausdrücklicher Befürworter von Kants Ethik ist, sagt über die Selbstzweckformel: Das Optimum des vernunftgeleiteten Handelns hat ein höchstes Ziel: „Es liegt in nichts anderem als darin, der Menschheit in der eigenen Person zu genügen. Das Individuum muss sich als der in seinem Denken und Wollen immer schon wirksamen Universalität fähig erweisen."[229] Berücksichtigt man also die Aussage, dass nicht zuerst das Individuum gemeint ist, wie zumeist bei Kant, dann dient die Menschheit lediglich dazu, das Telos zu verwirklichen, das der Spezies Mensch übergeordnet ist. Das Individuum gilt nicht als oberstes schützenswertes Element. Aber nur die Weißen sind in der Lage, die Vervollkommnung zu erreichen. Um die Menschheit zu schützen, bedarf es sich abzugrenzen. Larrimore gibt zu, für die aufgeworfenen Fragen selbst keine Antworten zu haben, da sich sowohl Befürworter als auch Gegner der natürlichen Sklaverei, oft der gleichen Argumente bedienen. Eines scheint ihm gewiss: „However frustrated, all Keime [sic] still point toward the only thing of absolute value, the good (fre)e will."[230] Er untermauert das mit dem bekannten Zitat:

> Es ist überall nichts in der Welt, ja überhaupt auch außer derselben zu denken möglich, was ohne Einschränkung für gut könnte gehalten werden, als allein ein guter Wille. Verstand, Witz, Urtheilskraft und wie die Talente des Geistes

---

228   Ebd. 124.
229   Volker Gerhardt: *Immanuel Kant. Vernunft und Leben.* Stuttgart 2002, 223.
230   Ebd. 125.

sonst heißen mögen, oder Muth, Entschlossenheit, Beharrlichkeit im Vorsatze als Eigenschaften des Temperaments sind ohne Zweifel in mancher Absicht gut und wünschenswerth; aber sie können auch äußerst böse und schädlich werden, wenn der Wille, der von diesen Naturgaben Gebrauch machen soll und dessen eigenthümliche Beschaffenheit darum Charakter heißt, nicht gut ist (GMS 04, 393-5).

Kant hinterlässt uns ratlos, da er bezüglich der Rassen und ihrer Einordnung in die Geschichtsphilosophie, ebenso über das Verhältnis von Ethik und Reproduktion nichts hinterlässt. Fakt ist, dass Kant kein Problem hat mit der Vernichtung von Welten und eine internationale republikanische Föderation nur von Weißen von ihm gedacht werden kann. In der Geschichte der Menschheit sind Blumenbach und Forster weniger rigoros gewesen.

> While others like Blumenbach and even Forster thought that the non-white races might in various ways be saved from their degeneration, Kant absolutizes racial difference by means of a two-stage view of raciation insulated from history and ethics.[231]

5. Juden, Zeitgeist und die Folgen

Um die Rassentheorie Kants vollständig zu gestalten, wird hier in einem sehr kurzen Überblick behandelt, wie Kant im Hinblick auf die Juden wahrgenommen werden soll, welches Verhältnis er zu den Juden pflegt und welche Auswirkungen seine wissenschaftlichen Theorien auf die Zukunft hatten.

---

231   Ebd. 125.

5.1. Kants Antijudaismus und Antisemitismus

Wenn man eine Arbeit über Rassismus schreibt, meint man, auch das Judentum muss ausführlich behandelt werden. Dies mag für Konzepte der Neuzeit gelten, nicht jedoch für Kant. Er behandelt sie nicht in seiner Rassentheorie, da er die Juden offensichtlich zur Rasse der Weißen zählt. Er nimmt auch in seinen anthropologischen Schriften, zu den Völkern, keine Notiz von ihnen. Lediglich in der *„Anthropologie in pragmatischer Hinsicht"* widmet er ihnen eine Fußnote zum Komplex „Betrug":

> Die unter uns lebenden Palästiner sind durch ihren Wuchergeist seit ihrem Exil, auch was die größte Menge betrifft, in den nicht ungegründeten Ruf des Betruges gekommen. Es scheint nun zwar befremdlich, sich eine Nation von Betrügern zu denken; aber eben so befremdlich ist es doch auch, eine Nation von lauter Kaufleuten zu denken, deren bei weitem größter Theil, durch einen alten, von dem Staat, darin sie leben, anerkannten Aberglauben verbunden, keine bürgerliche Ehre sucht, sondern dieser ihren Verlust durch die Vortheile der Überlistung des Volks, unter dem sie Schutz finden, und selbst ihrer untereinander ersetzen wollen (Anth 07, 205-33).

Diese Äußerung entsetzt Brandt, der sich dazu folgendermaßen äußert: „Das alles ist, unter aller Kritik und Aufklärung', die sonst die Kantische Anthropologie in ihren Grundzügen bestimmen."[232] Diese Äußerung Kants ist nicht nur eine Einmalige, sie wird ebenso unterstützt durch Briefe an Christian Heinrich Wolke vom 4. Aug. 1778 (Br 10, 238-23) und an Carl Leonhard Reinhold vom 28. März 1794 (Br 11, 495-03), in der er auch der Ansicht ist, die Juden würden fremde Ideen stehlen, um sie dann zu „verbessern". Eine furchtbare Auswirkung hatte folgendes Zitat, wenngleich Kant keine Eliminierung der Juden vorsieht.

---

232   Ebd. 20. Reinhard Brandt: *Kritischer Kommentar zu Kants Anthropologie in pragmatischer Hinsicht (1798)*. Hamburg 1999, 19f.

> Die Euthanasie des Judenthums ist die reine moralische Religion mit Verlassung aller alten Satzungslehren, deren einige doch im Christenthum (als messianischen Glauben) noch zurück behalten bleiben müssen: welcher Sectenunterschied endlich doch auch verschwinden muß und so das, was man als den Beschluß des großen Drama des Religionswechsels auf Erden nennt, (die Wiederbringung aller Dinge) wenigstens im Geiste herbeiführt, da nur ein Hirt und eine Heerde Statt findet (SF 07, 53-16).

Aber auch dieses Zitat ist keine einmalige Erwähnung, da er sich in seinen Notizen zum „Streit der Fakultäten" noch zweimal darauf bezieht. „Die Euthanasie des Judenthums ist die natürliche Religion" (HN 23, 443-18). „... so daß die Euthanasie des Judenthums der Übergang desselben zur natürlichen Religion seyn würde ..." (HN 23, 441-8).

Man muss grundsätzlich fragen, was Kant dazu bewegt Aussagen zu treffen, die Stangneth, als „gedankenlos vor sich hinzureden" abtut. Für Kant sind die orientalischen Völker nur unzureichend fähig abstrakt zu denken, sie haben keinen Begriff von Ehre, keine ernstzunehmende Architektur, Mathematik und Musik.[233] Dies ist noch die antisemitische Aburteilung, die sich auf die Juden als Nation bezieht. Die antijudaistische Kritik bezieht sich auf die Religion, auf das Faktum einer Religionsausübung, welche das menschliche Geschlecht vom Judentum ausschließt, wie Gudrun Hentges darauf verweist (RGV 06, 127-02).[234] Es darf aber in religiöser Hinsicht das Folgende nicht übersehen werden: „Das Judentum diente ihm nur als Folie für diesen Konflikt."[235] Tatsächlich unterliegt Kants Religion der Vernunft, und ist nur ein Ausdruck für die Pflichten des Menschen gegen sich selbst. Die Gottesidee ist nur

---

233 Bettina Stangneth: *Antisemitische und Antijudaistische Motive bei Immanuel Kant?* Würzburg 2001. 27.

234 Hentges, Gudrun: *Schattenseiten der Aufklärung.* Schwalbach 1999, 97.

235 Vgl. Bettina Stangneth: *Antisemitische und Antijudaistische Motive bei Immanuel Kant?* Würzburg 2001. 30. Siehe H. Graupe, *Kant und das Judentum*, 317.

notwendig in praktischer Hinsicht, um als Mensch handlungsfähig zu bleiben. Religion ist, für Stangneth, ein Begriff für den bewussten Umgang mit Vorstellungen für den Vernunftzweck, während die Kirche der Inbegriff konkreter Vorstellungen ist. Daher spricht Kant auch des Öfteren vom Afterdienst der Pfaffen. (RGV 06, 151-1).

Die Präsentation des Judentums bei Kant zeigt uns eine Ablehnung, die in keiner Weise sich auf das Thema Rasse beruft. Aber ähnlich wie in seinen Theorien dazu, verweist auch Stangneth auf den teleologischen Charakter, der sich durch Kants gesamtes Werk zieht. Sein Ziel ist „ ... moralischer Fortschritt, also das Ziel der Idealisierung moralischer Vollkommenheit ..."[236].

5.2. Kant ein Opfer des Zeitgeistes?

Wir wollen uns der Frage stellen, ob Kant ein Kind seiner Zeit war. Monika Firla hat dies ausdrücklich verneint, wie bereits zitiert, weil sie der Meinung ist, Kant

> „ ... entschied sich bis zuletzt für die rassistischen Thesen. Ihn mit Hilfe eines implizit behaupteten intellektuellen Determinismus entschuldigen zu wollen, wäre gleichbedeutend damit, auch alle ideologischen Mitläufer des Faschismus zu entschulden. Und dies kann doch niemand, der Kants rassistische Entgleisungen verharmlosen will, wollen."[237]

Firla ist vermutlich recht zu geben, dass Kant bis zum Schluss an einer Theorie der Rasse festhält, wenn auch Kleingeld der Ansicht ist, er hätte sich

---

236 Bettina Stangneth: *Antisemitische und Antijudaistische Motive bei Immanuel Kant?* Würzburg 2001. 39.

237 Monika Firla: *Kants Thesen vom „Nationalcharakter" der Afrikaner.* IWK 1997/3, 14.

in seiner kosmopolitischen Phase vom Rassismus wegbewegt. Es wurde in der Vergangenheit versucht, um Kants Rassismus etwas zu entschärfen, auch die Terminologie etwas zu verändern. So wäre der Begriff rassisch dafür gedacht, die Unterschiede der Menschen und ihre Differenzen, in welcher Hinsicht auch immer, strukturell darzulegen. Der Rassismus geht jedoch von der Annahme aus, dass eine Rasse einer anderen überlegen sei. Kant hat nun unterschiedlich argumentiert. In den „*Beobachtungen über das Gefühl des Schönen und Erhabenen* von 1764 argumentiert er klar hierarchisch, indem er Dummheit als Folge der schwarzen Hautfarbe definiert. Der Aufsatz „*Über den Gebrauch teleologischer Principien in der Philosophie*" von 1788, zeigt auch klar, Neger sind zu keiner Arbeit fähig. Wie diese beiden Aufsätze, mit ihren Aussagen zu entschärfen sind, ist trotz der bisherigen Diskussion nicht klar. Eindeutig zeigt sich auch bei den Zeitgenossen Kants, eine Hierarchisierung von Schwarzen und Weißen. Blumenbach und Herder scheinen eine Ausnahme zu sein.

Firla führt an, dass der Klerus zum Teil gegen die Sklaverei auftritt. Dabei ist zu beachten, dass es vor allem der Volksglaube ist, der über die Jahrhunderte, ebenfalls von Teilen der Priesterschaft und Bischöfen, verbreitet wird, wonach die Schwarzen, als Abkömmlinge von Ham, einem Sohn Noahs, verflucht sind zu ewiger Sklaverei und dieser als Stammvater der Schwarzen gilt.[238] Diese *Hamitentheorie* ist immerhin bis Ende des 19. Jahrhunderts immer noch ein Argument für die Versklavung der Schwarzen in den USA. Die anderen Schriften „*Von den verschiedenen Racen der Menschen*" und „*Bestimmungen des Begriffs einer Menschenrace*" sowie die „*Anthropologie in pragmatischer Hinsicht*" sind weit weniger abwertend. Hier bemüht sich Kant um eine qualitative Begriffsbestimmung, wenn auch immer wieder versteckte Andeutungen vorhanden sind, die zumindest die Rassenvermischung

---

238   George M. Fredrickson: *Rassismus*. Stuttgart 2011, 43.

verhindern soll. Die Vorlesungen Kants wiederum sind zum wiederholten Mal hierarchisch strukturiert und heben den moralischen und intellektuellen Unterschied klar hervor.

Nimmt man nun Kants Moraltheorie zum Vergleich, so muss diese, vor diesem Hintergrund, den heutigen modernen Menschen vor den Kopf stoßen. Man darf nicht vergessen, dass bei ihm letztlich nicht die praktische Philosophie im Vordergrund steht, sondern er versucht die Metaphysik mit der Naturphilosophie zu verbinden und bis zuletzt einem teleologischen Welt- und Geschichtsbild anhängt. Kant wird gerne als moderner Philosoph betrachtet, was für Teile der „Kritik der reinen Vernunft" und „Kritik der Urteilskraft" sicher gültig ist. Grundsätzlich jedoch ist er noch einer mittelalterlichen bzw., genauer formuliert, einer antik-mittelalterlich überlieferten Vorstellung verbunden, die davon ausgeht, dass die Welt, bzw. die Natur von einem Gott geordnet ist und einem Ziel zustrebt. Neu war bei ihm die moralische Vervollkommnung der Menschheit. Vor diesem Hintergrund ist dann auch die Rassentheorie anders zu betrachten. Sie wird zum Erfüllungsgehilfen einer Ordnung, die sich nun rascher vollziehen kann. Für Kant ging es, aus meiner Sicht, zu seiner Ehrenrettung, nicht darum, die Menschen hierarchisch abzustempeln, dies war nur ein unrühmliches Nebenprodukt seiner Forschungen, sondern er war ein Verfechter einer Idee der abstrakten Menschheit, die nicht das Individuum in erster Linie berücksichtigt, sondern zumeist nur die Spezies.

Wenn also Monika Firla der Ansicht ist, dass das Berufen auf den Zeitgeist intellektuell nicht redlich ist, indes ein solcher im „ ... Sinne einer homogenen Denk- und Vorstellungsweise einer Epoche ..."[239] nicht existent ist, ist ihr bei dieser Stellungnahme zuzustimmen. Einzuwenden ist, die Protagonisten des

---

239 Monika Firla: *Kants Thesen vom „Nationalcharakter" der Afrikaner*. IWK 1997/3, 13.

18. Jahrhundert haben ein eindeutig hierarchisches Weltbild. Es darf aber auch nicht unberücksichtigt bleiben, dass wir heute noch ein Weltbild begünstigen, in dem wir den Religionsgemeinschaften eine moralische Deutung zugestehen, die ebenfalls klar abgestuft ist. Es wird unterschieden in Menschen die zur Erlösung gelangen und solche die zur Verdammung bestimmt sind. Das Christentum kennt zwar kein Fegefeuer mehr, aber die Hölle ist immer noch ein gut besuchter Ort. Das Gleiche gilt für den Islam und das Judentum schließt jeden Menschen aus, der nicht Jude ist. Besonders in den monotheistischen Ausformungen, aber nicht nur hier, wird das exkludierende und inkludierende Element deutlich hervorgehoben. Auch Fredrickson zeigt diesen Zusammenhang und verortet im Monotheismus den Ursprung für den westlichen Rassismus,[240] denn bereits Moses ordnet an, dass sich die Juden nicht mit den Ägyptern vermischen sollten. Jan Assmann zeigt die inhärenten Verbindungen von Gewalt und Monotheismus auf, die durch das Eigene und Fremde hervorgebracht werden.[241] Der anschließende Proto-Rassismus der Kirchenväter von Paulus, Petrus, Origines, Augustinus, Thomas von Aquin und Luther, die in einer direkten Linie zu Kant führen, sind nur die logische Konsequenz einer Ein- und Ausgrenzungspolitik, die auch heute noch andauert, obwohl die Rassenideologie Kants und auch die der Moderne, ein Produkt der Aufklärung ist, wie Mills das ausführt: Hugo Grotius ist der Vorbereiter einer Gesellschaftstheorie, der Überlegungen zum Naturrecht anstellt und den gerechten Krieg gegen wilde Bestien oder auch gegen menschliche Bestien zulässt. Hobbes bezeichnet bereits die Amerikaner als Wilde und ist bei weitem kein neutraler Denker. John Locke besitzt Investments in einem Unternehmen, das sich mit Sklavenhandel beschäftigt, schreibt die Sklavenverfassung von Carolina und spekuliert über die

---

240 George M. Fredrickson: *Rassismus*. Stuttgart 2011, 26f. Siehe auch George Mosse: *Die Geschichte des Rassismus in Europa*. Frankfurt/Main 2006, 23.

241 Jan Assman: *Monotheismus und die Sprache der Gewalt*. Wien 2006.

Unfähigkeit der farbigen Rassen. David Hume verneint die Möglichkeit einer zivilisierten Nation außerhalb Europas und John Stuart Mill sieht für die farbigen Rassen nur die Unterdrückung vor.[242] Charles Mills kommentiert das folgendermaßen „ ... it would have to be agreed that the ideology of modern racism is far more theoretically developed than ancient or medieval prejudices and is linked (whatever one's view, idealist or materialist, of causal priority) to a system of European domination."[243] Sein Urteil über Kant zeigt einen Januskopf; einerseits ist er Erfinder der modernen Moraltheorie schlechthin und andererseits zeichnet er aufgrund seiner elaborierten Form der Rassentheorie, die Trennung zwischen Herrenvolk und Untermenschen für die Nazis vor.[244]

Bei allem Verständnis für die Verurteilungen Kants, und seiner inkohärenten Philosophie, dürfen auch wir dem Fehler nicht verfallen, auf einem Auge blind zu sein und auf einem anderen sehr hellsichtig. Es gibt ausreichend Fälle, wonach versteckter Rassismus und die Unterdrückung der Frau, nach wie vor praktiziert werden. Wir müssen dabei nicht Länder oder Kontinente im Auge haben, die wir wiederum als unkultiviert betrachten, es genügt vor der eigenen Haustüre zu kehren, also dem Westen hier mehr Augenmerk zu schenken, in dem diese Formen der Unterdrückung noch immer ausgeübt werden. Der Zeitgeist ist keine Entschuldigung, aber vor dem Hintergrund einer Geschichte, die uns etwas klüger hat werden lassen, die uns den American Holocaust, den Sklavenhandel, den jüdischen Holocaust und die Apartheit beschert hat, ist der Rassismus Kants leicht zu verurteilen.

---

[242] Charles W. Mills: The racial Contract. Ithaca, 1997, 59f.
[243] Ebd. 63.
[244] Ebd. 72.

Andererseits ist aber auch die Position Bettina Stangneths zu berücksichtigen, indem sie zeigt, „ ... daß Kants antisemitische und antijudaistische Motive nicht etwa im Zentrum seines Aufklärungsdenkens zu verorten sind, sondern größtenteils aus Gedankenlosigkeit und deren Auswirkungen auf die eigenen Überzeugungen herrühren."[245] Zwar spricht sie hier von der Verurteilung der Juden, aber sie bezieht das auch auf die Rassenideologie. Stangneth erklärt das treffend: Wie bereits schon festgehalten, war die Welt in der Kant lebte, eine Andere, als die, aus der wir heute die Fragen stellen „ ... denn wir sind es schließlich, die Antworten suchen und das heißt immer auch: Antworten hinsichtlich der Leistungskraft unserer Begrifflichkeiten selbst."[246] Ich denke, Stangneth will hier vor allem unterstreichen, Kant war zwar ein herausragender Philosoph, aber er war auch ein Mensch, mit all seinen Vor- und Nachteilen. Er, der vor allem gegen die Neigungen anschrieb, war tatsächlich einer der größten Begierden verfallen, der Leidenschaft des Wissens. Die Vernunft, die bei ihm a priori Status hatte, war tatsächlich seine größte Schwäche als eine komplexe Ausformung der Affektivität, ebenso wie der Wille, der bei ihm autonomen Charakter hatte, weil er die Affekte eliminieren wollte, die zu den kriegerischen Auseinandersetzungen seiner Zeit führten. Aber tatsächlich ist der Wille ein primärer Affekt, der in einer gemeinsam geteilten Welt als Plural zu verstehen ist und dem wir am Ort des Gemüts ausgesetzt sind, in einer Welt, in die wir hineingeworfen werden und bereits Werte beinhaltet.

Ganz gleich welchen Argumenten man mehr Raum geben möchte, ob Kants Theorie mehr oder weniger kohärent ist, es soll gegen eine Verharmlosung der Position Kants angegangen werden. Bereits angesprochen wurde Rudolf

---

245 Bettina Stangneth: *Antisemitische und Antijudaistische Motive bei Immanuel Kant?* Würzburg: 2001, 8.

246 Ebd. 18.

Malter der, wie Firla, Larrimore und Mills bezeugen, eine verquere Sicht von Kant darstellt, indem dieser zum Retter des Rassismus mutiert. Ein anderer Philosoph, wie Christoph Türcke, versucht 1993 den Rassismus Begriff zu rehabilitieren und schließt nicht aus, in manchen Ländern bessere oder schlechtere Lebensbedingungen vorzufinden, die es der Natur erleichtern, Rassen besser oder schlechter auszustatten.[247] Nicht weniger zu kritisieren ist die Ablehnung einer Rassismus Kritik von Alex Sutter[248], durch die Kant-Studien mit einer fadenscheinigen Begründung.[249]

Letztlich möchte ich die Position von Charles Mills hinsichtlich des „Racial Liberalism" untermauern. Nicht dass ich seine Schlussfolgerungen zur Gänze teile. Aber, der Rassismus ist nach wie vor evident und noch immer weit verbreitet. Dass dies als ein besonderes Phänomen des Westens zu verstehen ist, wird hinlänglich gezeigt von George Fredrickson,[250] Charles Mosse[251] und Hans Jörg Sandkühler[252]. Das zeigt sich im Verhältnis der Verurteilungen zur Todesstrafe bei Schwarzen in den USA, oder bei Jobchancen Andersfarbiger oder –gläubiger, ebenso wie bei den jüngsten antisemitischen Kundgebungen, die sich bei einem Fußballspiel in Österreich ereigneten, in welchem

---

247 Hentges, Grudrun: *Die Erfindung der ‚Rasse' um 1800*. Rodopi 2004, 63.

248 Vgl. Alex Sutter ‚*Kant und die Wilden'. Zum impliziten Rassismus in der Kantischen Geschichtsphilosophie*. In: Prima Philosophia 2 (1989), S. 241-265.

249 Monika Firla: *Kants Thesen vom „Nationalcharakter" der Afrikaner*. IWK 1997/3, 15.

250 George M. Fredrickson: *Rassismus*. Stuttgart 2011, 23. Interessant ist hier, dass aus seiner Sicht der Rassismus deswegen eine so herausgehobene Position hatte, liegt an der gleichzeitigen Betonung der Gleichheit von Menschen. Beginnend bei Jesus, bis über die Aufklärung.

251 George L. Mosse : *Die Geschichte des Rassismus in Europa*. Frankfurt/Main 2006, 7.

252 Hans Jörg Sandkühler: *Enzyklopädie Philosophie*. Hamburg 2010. 2191b.

israelische Fußballer tätlich angegriffen wurden oder auch in den Auseinandersetzungen in Ferguson, in denen ein unbewaffneter Schwarzer von einem Polizisten erschossen wurde. Es ist augenscheinlich, der Westen hat sowohl medial als auch politisch noch immer ein rassistisches Problem. Lucius Outlaw hat dazu gesagt: „As we struggle to realize social justice with harmony in America, given this nation's history of race relations, we are unable to do way with the notion of 'race.'"[253] Wir haben, wie er betont, das rassistische Weltbild verinnerlicht, wir tragen das Herrenmenschentum noch in unserem Herzen und merken es nicht einmal. Das gilt aber auch für Europa, wenngleich hier kaum farbige Menschen unter uns wohnen. Aber wir tauschen die Sündenböcke einfach aus: Migranten werden die neuen Untermenschen und die Unterdrückungsmechanismen berufen sich vor allem auf Vorurteile.

5.3. Kants Folgen der Rasse für die Neuzeit

Kann man nun die Folgen der Rassentheorie Immanuel Kant anlasten? Viele Forscher lehnen das ab, begeisterten sich aber, als im Jahr 2001 auf dem Gelände der ehemaligen Kaiser-Wilhelm-Gesellschaft, das nunmehr unter dem Namen Max-Planck-Gesellschaft firmiert, ein „politisches Bußritual" abgehalten wurde, indem man sich für die Opfer der NS-Organisation, durch die Biowissenschaftler ihrer Zeit, entschuldigte. Die Frage, die letztlich dahintersteht, ist, wie weit geht die Verantwortung des Wissenschaftlers. Der Idealismus Kants, bezogen auf die Rasse, wonach sich die Menschheit vervollkommnen soll, wurde wie jeder –ismus irgendwann mit Gewalt durchgesetzt. Manfred Kappeler diagnostiziert:

---

253   Vgl. Robert Bernasconi: *Who invented the concept of Race?* New York 2009, 98. Siehe: Lucius Outlaw, *On Race and Philosophy,* New York, Routledge, 1996, p. 157.

> Seit der Aufklärung haben sich ‚an die Stelle der bekanntesten Wahrheiten (...) die furchtbarsten Irrlehren gesetzt' und ‚der Irrtum dieser Lehren ist kein Beweis, keine neue Stütze für die alten Wahrheiten.' Sollten diese Irrlehren, deren furchtbarste der Rassismus ist, nichts zu tun haben mit ‚den alten Wahrheiten'? Es ist nicht nur so, daß sich diese Wahrheiten als zu schwach erwiesen haben der Gewalt der Irrlehren zu widerstehen. Vielmehr stecken die modernen Irrlehren bereits in den alten Wahrheiten.[254]

Der Irrtum, der also entstanden ist aus alten Irrlehren, forderte besonders viele Opfer, besonders unter den schwarzen Sklaven. „Vom 16. bis zum 19. Jahrhundert trafen etwa 10 bis 12 Millionen Sklaven in Amerika ein."[255] Davon starben 10 bis 20% während der Überfahrt. Wenn man bedenkt, dass die Mortalitätsrate auf den Sklavenschiffen 10 bis 20 % betrug, ist von ein bis zwei Millionen Toten, nur während der Überfahrt, auszugehen. Insgesamt wurden 30 Millionen Afrikaner versklavt.[256] Am schlimmsten erwischte es die eingeborene Bevölkerung des amerikanischen Kontinentes, die an die 100 Millionen Opfer aufwies: „ ... the killing through mass murder and disease of 95 percent of the indigenous population". Die Juden mussten ca. 6 Millionen Tote beklagen, die im Zuge des Rassenwahns ausgerottet wurden.[257] Die NS-Schergen beriefen sich teilweise auf Kants Rassentheorie als auch auf seine Eugenik, obwohl dieser die Juden als Nation bezeichnete und nicht als Rasse, und die Euthanasie - der Begriff unterlag keinem Bedeutungswandel[258] - nur auf den religiösen Aspekt bezogen war, auf eine kulturelle

---

254 Manfred Kappeler: *Rassismus. Über die Genese einer europäischen Bewußtseinsform.* Frankfurt/Main 1994, 75.
255 Christian Koller: *Rassismus.* Paderborn 2009, 19.
256 http://www.ohchr.org/EN/NewsEvents/Pages/SlaveryInternationalDay.aspx
257 Charles W. Mills: *The racial Contract.* Ithaca 1997, 98f.
258 Hentges, Gudrun: *Schattenseiten der Aufklärung.* Schwalbach 1999, 95.

Selbstauslöschung[259] und nicht auf die Menschen. Ein besonders abscheuliches Detail, am Rande, ist die Tatsache, dass man die Haut der amerikanischen Ureinwohner als Zaumzeug verwendete, die Einwohner Tasmaniens als Hundefutter verwertete, die Haare der Juden für die Polsterproduktion heranzog, die Knochen der Japaner als Brieföffner gebrauchte und sogar einen japanischen Totenkopf als Kühlerhauben-Figur missbrauchte bzw. Skelettteile als Trophäe zu der Angebeteten nach Hause sendete.[260]

Adolf Eichmann, einer der größten Verbrecher, bediente sich der Begrifflichkeiten Kants, indem er behauptete er hätte nach den Regeln des kategorischen Imperativs gehandelt. Selbst wenn die Individualethik transformiert wird in eine Ethik der Menschheit, wie Christoph Horn darlegt, lässt sich dieser Schluss des Imperativs nur bei sehr verzerrter Sichtweise so deuten. Aber es verweist auf das gefährliche Potential, das in der Philosophie Kants, mehr oder weniger, verborgen liegt.

So, what is it to be? Is Kant the avatar of the UN Charter (as is generally believed) or of the ravings of Houston Stewart Chamberlain?[261] Susan Shell stellt sich hier der Frage nach der Verantwortung der Wissenschaft und sieht in Kant einen Wissenschaftler, dem die Folgen entweder nicht bewusst waren oder gleichgültig. Die Unveränderbarkeit und Konstanz der Rasse führt für Mosse direkt in die NS-Zeit: „Eine Rasse – durch Jahrtausende unverändert".[262] Hentges, wie auch Mosse stellen einen Zusammenhang von

---

259   Hund, Wolf D.: *Rassismus*. Bielefeld 2007, 110.

260   Charles W. Mills: *The racial Contract*. Ithaca 1997, 99..

261   Susan Shell: *Kants Conception of a Human Race*. Albany 2006, 56.

262   George L. Mosse : *Die Geschichte des Rassismus in Europa*. Frankfurt/Main 2006, 54.

Chamberlain und Weininger her, die sich beide auf das Rassenprogramm Kants beziehen.[263] Chamberlain bezieht sich allerdings darauf, dass „ ... das Wesen der Dinge jenseits von Vernunft und Pragmatismus ..."[264] liegt. Dieses Wesen sind die „deutsche Religion" und eine Wissenschaft in Grenzen. Wenn Chamberlain vom Rassenkampf in „Die Grundlagen des 19. Jahrhunderts" schwafelt, dann gründet seine Idee zwar am Religionsverständnis von Kant, aber die Rassenidee kann er mit demselben nicht in Verbindung bringen, da die Juden, die Kant verunglimpft, Mitglieder der weißen Rasse sind und somit nicht minderwertig. Hier ist eindeutig Chamberlains Phantasie am Werk. Otto Weininger bezieht sich auf Chamberlain, stellt aber die sexuellen Ängste in den Vordergrund, die zusammen mit Blut und Krieg eine Dreieinigkeit bilden.[265] Dieses irre Gerede wurde aber vom Führer des „Dritten Reiches" wahrgenommen. „Adolf Hitler kannte Weiningers Buch und benutzte es, um seinen Haß gegen die Juden zu untermauern".[266] Manfred Kappeler und Peggy Piesche zeigen ebenfalls eine Affinität von NS-Propaganda und Kant auf, während Poliakov, der sich besonders mit der Verfolgung der Juden beschäftigte, die Plattitüden und Gemeinplätze der Anthropologie Kants verurteilte. Piesche sieht sogar im postfaschistischen 20. Jahrhundert noch die Berufung auf die Gleichheitsaspekte Kants, denen das Konzept Rasse eigentlich nicht unbekannt sein dürfte.[267] Aus meiner Sicht darf man aber nicht leichtfertig all

---

263 Hentges, Grudrun: *Die Erfindung der ‚Rasse' um 1800.* Rodopi 2004, 61.

264 George L. Mosse : *Die Geschichte des Rassismus in Europa.* Frankfurt/Main 2006, 128.

265 Ebd. 124.

266 Ebd. 128, 132.

267 Piesche, Peggy: *Der „Fortschritt" der Aufklärung - Kants „Race" und die Zentrierung des weißen Subjekts.* Münster 2009, 32.

die Dummköpfe auf Kant zurückführen. Dazu ist auch seine Rassentheorie zu ausgefeilt. Das Problem lautet: Sind grundsätzlich alle Folgen von Lehrmeinungen dem Wissenschaftsbetrieb anzulasten, der sie in gutem Glauben postulierte? Sind aufgrund der Atombombenabwürfe von Nagasaki und Hiroshima deswegen Marie Curie, Ernest Rutherford oder Robert Oppenheimer jeweils schuldig zu sprechen oder alle drei gemeinsam oder doch diejenigen, die letztlich die politische Verantwortung und Möglichkeit vorfanden, unmenschlich zu handeln? Die Menschen haben ihre Stellung oft missbraucht, aber sie haben auch für ihre Nachkommen Werte und Schönheit geschaffen. Es ist letztlich immer eine Frage der Nachfahren, ob sie aus der Geschichte zu lernen vermögen. Rassismus ist eine Geisteshaltung, die noch nicht überwunden ist und viele Väter, vielleicht mit Kant einen Stammvater, aufweist. Aber solange wir diesen „Racial Liberalism" noch leben, das gilt selbstverständlich auch für Europa, wird er nicht überwunden werden und statt mit den Fingern auf die Anderen zu zeigen, sollten wir selbst schnell handeln, um weitere Opfer zu vermeiden.

6. Schluss

Kann Kant nun als Rassist beurteilt werden? Nach heutigen Maßstäben und heutiger Sicht, eindeutig ja. Aus der Sicht des 18. Jahrhunderts und der noch nicht absehbaren Folgen des Sklavenhandels, der noch vorausliegenden Grausamkeiten eines Holocaust und einer Apartheit war es vielmehr eine Vermischung von empirischen Daten und Vorurteilen. Kant ging es darum, die Menschheit zu einem vorbestimmten Ziel zu führen, zur Vervollkommnung der Moral, was auch immer das heißen mag.

Dies war gleichzeitig eines seiner Probleme. Die Moralphilosophie stützt sich auf eine Zwei-Welten-Lehre und einen „intellectus archetypus", der über einen Endzweck die Vervollkommnung der Menschen hervorbringen soll.

Diese Argumente sind einfach nicht zu beweisen, wie er das hinlänglich in der *„Kritik der reinen Vernunft"* darlegt, und trotzdem sind seine anderen Werke voll von Spekulationen und Vermutungen, die auch zu seinen Rassenvorstellungen führen, wenn er auch immer wieder versucht, empirische Tatbestände einzustreuen.

Ein zweites Problem ist sein Anspruch eine universalistische Theorie vorzulegen. Er versucht seine Moralphilosophie mit der Rechtsphilosophie und dem Kosmopolitismus zu verbinden und gerät dabei ins Taumeln. Kant schafft es nicht seinen unklaren Menschen- und Personenbegriff mit einer Vernunft zu vermitteln, die ebenfalls einer genaueren Deutung bedarf. Wenn auch die Verteidigungsversuche, gerade im deutschen Sprachraum, sehr vehement gegen die hier dargestellten Deutungsversuche angehen, stolpern sie über Kants Vernunft, die immer Menschen ausschließt, welche nicht in der Lage sind, sich selbst zu verwalten, wie Säuglinge, geistig Behinderte oder anderweitig durch die Vernunft eingeschränkte Menschen.

Sie sind demnach nicht in der Lage ein Vermögen zu entwickeln, in dem sie nach Prinzipien a priori urteilen können. Demnach fallen sie aber aus dem kategorischen Imperativ heraus. Hätte Kant aber seine Vernunft nicht als Vermögen eines Vermögens konstruiert, sondern als einen Affekt der Empirie, wie es Spinoza vor Kant versuchte und Nietzsche im Anschluss aufzeigte, würde der Vernunftbegriff trotz alledem immer auf alle Menschen anwendbar sein.

Die Verteidiger Kants straucheln aber auch über den Bürgerbegriff und hier vor allem über seinen Rechtsbegriff, der die Moral einschränkt, ja sogar abschwächt. Indem wir zuerst dem Staat bedingungslos zu gehorchen haben, ist uns nichts vorzuwerfen, wenn wir dabei gegen die Menschlichkeit verfehlen. So dürfen wir heute beruhigt die Ressourcen des Planeten ausbeuten, wenn auch unsere Nachkommen darunter zu leiden haben oder auch die Menschen anderer Erdteile. Wir haben uns moralisch nichts vorzuwerfen, wenn der Staat eine Politik umsetzt, die man selbst moralisch bedenklich finden würde. Denkhaltungen solcher Art werden jedoch nichts zu einer besseren Welt beitragen.

Ein drittes großes Problem zeigt sich bei Kant in seinem Menschen-, bzw. Personenverständnis. Für ihn ist nicht das Subjekt von vordergründigem Interesse, sondern die Menschheit ist Zweck an sich selbst. Der Einzelne wird verstellt durch die Menschheit und fällt dieser damit zum Opfer, wie sich das an den Beispielen der Frauen, der Sklaven, der Farbigen und der passiven Bürger zeigt. Es liegt noch ein immenses unbearbeitetes Forschungsfeld vor uns, das gerade diese drei Probleme noch genauer zu untersuchen hat. Aus philosophischer Sicht muss man sagen, ein großer Schritt wurde bereits im angloamerikanischem Raum getätigt, während in Europa erst begonnen wird, das Denken Kants, das unzweifelhaft auch Großartiges hervorbrachte, neu zu interpretieren.

Kant wollte eine bessere Welt und das ist ihm nicht vorzuwerfen. Aber wie so viele kluge Denker erschuf auch er eine Hybris, deren Köpfe nur umso schneller nachwachsen, je rascher wir sie abschlagen. Es ist mindestens 200 Jahre zu spät, um Kants Theorien zu verteufeln. Tappen wir nicht in die übliche, typische Falle des christlichen Westens, einen Schuldigen zu suchen und nur in Schwarz-Weiß Kategorien oder Gut und Böse Einteilungen zu denken. Das ist ein typisch christliches Erbe und verdammt von vornherein diejenigen, die aus unserer Sicht als Böse bezeichnet werden. Überwinden wir die alten christlich, rassistischen Wurzeln und deren Verdammung des „unwerten Lebens", ob andersrassig oder böse und beherzigen wir den Rat Nietzsches, indem wir nicht vom Leben her die Werte bestimmen, sondern wir Leben als Wert setzendes Prinzip verstehen. Dazu bedarf es keiner elaborierten Werke, mit Ausnahme der Frage, wo Leben beginnt oder auch endet, sondern lediglich eines gesunden Menschenverstandes.

Ausblick zur Lösung der Vernunftproblematik

Wie ist nun Kants Arbeit zu deuten? Wie sind seine gegenseitig ausschließenden Programme, Anthropologie und Moralphilosophie, im Lichte einer kohärenten Theorie zu erklären? Umfangreiche Forschungen sind noch notwendig, um auch die hier aufgezeigten Rezeptionsunterschiede in ein Modell zu vereinen, sofern das möglich ist oder eine Lösung anzubieten. Eine Deutung kommt für mich nicht in Frage: die Behauptung, Kant hätte nur nachgeplappert oder unreflektiert Vorurteile übernommen. Betrachtet man die elaborierten Ausführungen seiner drei „Kritiken", in der die Begriffsgenauigkeit sowohl der Bedeutung als auch der Reihenfolge hohe Wichtigkeit zukommen, dann sind auch seine Ausführungen zur Rasse sehr genau zu beurteilen. Kant hatte offensichtlich seine Gründe.

Ein möglicher Ansatzpunkt könnte bei einer Vernunftkritik liegen, die zeigt, dass Kants Begriff der Vernunft als Hauptproblem zu verorten ist. Kurt Walter Zeidler zeigt mit seiner Arbeit, *„Unerledigte Probleme der Vernunftkritik"*, dass Kant über keinen einheitlichen Vernunftbegriff verfügt. Sein vorkritischer Versuch die Natur als zweckmäßig geordnetes Ganzes zu bestimmen und andererseits die empirischen Wissenschaften anzuerkennen, macht die Konzeption einer dualen Welt notwendig. Genau diese Gegenüberstellung von Physikoteleologie und Naturbegriff der empirischen Wissenschaft wird in den Antinomien der reinen Vernunft dargestellt. Die Unterscheidung von Sinnenwelt und Verstandeswelt ist das Problem das die Einheit einer Vernunft verhindert.

> „Die Ideen der reinen Vernunft, die einerseits in ihrem theoretischen oder spekulativen Gebrauch nur ein metaphysisches, alle Erfahrung überfliegendes, dialektisches Scheinwissen über Seele, Welt und Gott produzieren, schaffen demnach andererseits den Raum für praktische Prinzipien, so daß die vormalige Metaphysik bei Kant zur Moralphilosophie

mutiert und die Gegenstände dieser vormaligen Metaphysik als Postulate der reinen praktischen Vernunft ihre kritisch beglaubigte Auferstehung feiern."[268]

Das bedeutet, dass die vormals reine Vernunft, die Postulate der praktischen Vernunft ermöglicht. Damit ist aber noch keine Einheit hergestellt, wie das Kant fordert, nämlich, dass „innerhalb den Grenzen der Philosophie, [...] welche aus reinen Vernunftquellen schöpft, [...] der speculative Gebrauch der Vernunft in der Metaphysik mit dem praktischen in der Moral nothwendig Einheit haben muß." (AA IV, 363f.)

Diese Uneinheitlichkeit führt noch zu weiteren Überlegungen, die für uns hier aber nicht mehr relevant sind. Wir werden die Begriffe der Vernunft noch kurz durchleuchten um zu zeigen, wohin das in Verbindung mit der Rasse führt.

Praktische Vernunft: „Die V. ist praktisch (s.d.), sofern sie durch Begriffe das Wollen und Handeln bestimmt.

Reine Vernunft: „'von der Sinnlichkeit unabhängige V.' ... 'Reine' V. ist diejenige, 'welche die Prinzipien, etwas schlechthin a priori zu erkennen, erhält'".[269]

Verstand: „Der V. ist das Vermögen der Erkenntnis d. h. begrifflichen Bestimmung von Inhalten in Urteilen, in denen alles Denken (s. d.) besteht."[270] Sie ist vor allem im Unterschied zum Verstand, der das Vermögen der Regeln darstellt, das „Vermögen der Prinzipien". „'Erkenntnisse aus

---

268   http://sammelpunkt.philo.at:8080/1214/1/Unerledigte_Probleme_der_Vernunftkritik.pdf, 2.

269   Rudolf Eisler: *Kantlexikon*. Hildesheim 1984, 576.

270   Ebd. 579.

Prinzipien' sind jene, ‚da ich das Besondere im allgemeinen durch Begriffe erkenne'."[271]

Begriff: „Begriffe sind Produkte des Verstandes (s. d.), Funktionen der Spontaneität (Selbsttätigkeit) desselben."[272] Wie wir aber von Kant wissen, sind Begriffe ohne Anschauungen leer. Also müssen Begriffe abstrakt sein.

Abstrakt: „In abstracto betrachten heißt so viel wie ‚durch Begriffe'."[273]

Kategorischer Imperativ in seiner Universalisierungsformel: ... handle so, als ob die Maxime deiner Handlung durch deinen Willen zum allgemeinen Naturgesetze werden sollte (AA 4, 421-06)

Kategorischer Imperativ in der Selbstzweckformel: Handle so, daß du die Menschheit sowohl in deiner Person, als in der Person eines jeden andern jederzeit zugleich als Zweck, niemals bloß als Mittel brauchst (AA 4, 429-10)

Vergleicht man nun die Begriffsbestimmungen, mit den unten angeführten Zitaten und stellt jene auch noch dem kategorischen Imperativ gegenüber, den wiederum mit seiner Rechtslehre, springt die Diskrepanz der kantischen Systemphilosophie förmlich ins Auge.

Kurz zusammengefasst nochmals die prägnantesten Aussagen: Die Rangordnung der Menschen ist klar geregelt, die Weißen sind ganz oben angesiedelt (VvRM 02, 441-21), die Furchtsamkeit macht sie zu sklavischen Unterthanen (Neger) und sie leiden lieber Not als zu arbeiten (PG 09, 316-18), amerikanische Ureinwohner und Schwarze können sich nicht selbst regieren und Letzte sind geborene Sklaven (HN 15, 878-14), die Religion der Indianer besteht aus Fratzen (GSE 02, 252-19f), das Gefühl der Schwarzen reicht über

---

271   Ebd. 433
272   Ebd. 58.
273   Ebd. 2

das Läppische nicht hinaus (GSE 02, 253-1f) und sie sind so geschwätzig, dass sie mit Prügeln auseinandergejagt werden müssen (GSE 02, 252-19), die „Wilden" haben kaum Gefühl für das Schöne in der Moral und eine außerordentliche Fühllosigkeit begleitet sie (GSE 02, 254-2f), die Schwarzen sind dumm, weil sie schwarz sind (GSE 02, 255-02). „Sie bringen es niemals bis zu abstrakten Begriffen, ..." gemeint sind die Hindus, (V-Anth 25,2, 1187f), alle Rassen werden ausgerottet und es ist nicht gut, wenn sich Indianer mit Weißen vermischen (HN 15, 878-19), überhaupt sollen sich die Rassen nicht mischen, weil Gut und Böse vermischt würden (VvRM 02, 431-22).

All die Eigenschaften und Zuschreibungen die hier den farbigen Rassen angelastet werden, sind letztlich auf einen Mangel von Vernunft zurückzuführen. Auch die Fühllosigkeit, die verwoben ist mit der Achtung für das Gesetz, ist letztlich eine nicht vorhandene oder kaum vorhandene Vernunft. Kants Vernunftbegriff, der alle Menschen einschließt, stellt aber eine Gruppe von Menschen, aufgrund ihrer Hautfarben, in der Rangordnung eindeutig unter die weiße Rasse. Charles Mills spricht von Untermenschen und Bernasconi davon, dass es sich nicht mehr um moralische Akteure handelt. Genau hier ist es für die Zukunft notwendig, genauere Untersuchungen anzustreben. Die Kantforschung sollte sich in Zukunft mehr um Fragen dieser Art kümmern, die uns ein ehrliches und aufrichtiges Verständnis von Kants Schriften ermöglichen.

Anhang

Literaturverzeichnis

Siglen Immanuel Kant

Die Siglen werden alle im Fließtext bei der betreffenden Stelle angegeben. Maßgebend ist die Akademieausgabe Band 1 - 22 Preussische Akademie, Band 23 Deutsche Akademie der Wissenschaften zu Berlin, ab Band 24 Akademie der Wissenschaften zu Göttingen.

AA	Akademie-Ausgabe
Anth	Anthropologie in pragmatischer Hinsicht (AA 07)
BeM	Bestimmung des Begriffs einer Menschenrace, 1785 (AA 08)
FM/Lose Blätter	FM:/Lose Blätter (AA 20)
GSE	Beobachtungen über das Gefühl des Schönen und Erhabenen, 1764 (AA 02)
HN	Handschriftlicher Nachlass (AA 14-23)
IaG	Idee zu einer allgemeinen Geschichte in weltbürgerlicher Absicht (AA 08)
MS	Die Metaphysik der Sitten (AA 06)
NTH	Allgemeine Naturgeschichte und Theorie des Himmels (AA 01)
Päd	Pädagogik (AA 09)

PG	Physische Geographie, 1801 (AA 09)
RGV	Die Religion innerhalb der Grenzen der bloßen Vernunft (AA 06)
RezHerder	Recensionen von J. G. Herders Ideen zur Philosophie der Geschichte der Menscheit (AA 08)
SF	Der Streit der Fakultäten (AA 07)
TP	Über den Gemeinspruch: Das mag in der Theorie richtig sein, taugt aber nicht für Praxis (AA 08)
UD	Untersuchung über die Deutlichkeit der Grundsätze der natürlichen Theologie und der Moral. (AA 02I)
ÜGTP	Über den Gebrauch teleologischer Principien in der Philosophie, 1788 (AA 08)
V-Anth/Busolt	Vorlesungen 1788/1789 Busolt (AA 25)
VvRM	Von den verschiedenen Racen der Menschen 1775 (AA 02)
ZeF	Zum ewigen Frieden (AA V08)

Die Zitate sind dem Bonner Kant Korpus entnommen, der die Akademieausgabe, dankenswerterweise, online zur Verfügung stellt unter: http://www.korpora.org/kant/verzeichnisse-gesamt.html

Andere Autoren

Allgemeine Historie der Reisen zu Wasser und Lande. 17. Band. Leipzig: 1759.

Assman, Jan: *Monotheismus und die Sprache der Gewalt*. Wien: Picus Verlag 2006.

Bernasconi, Robert: *Kant and Blumenbach's Polyps. A Neglected Chapter in the History oft he Concept of Race*. In: In: . In: Eigen, Sara; Larrimore, Mark (Hg.): The German Invention of Race. Albany: State University of New York Press. 2006.

Bernasconi, Robert: *Kant as an Unfamiliar Source of Racism*. In: Ward, Julie K., Lott, Tommy L. (Hg.), Philosophers on Race. *Critical Essays*. Oxford: Blackwell Publishers Ltd. 2002.

Bernasconi, Robert: *Who invented the concept of Race?* In: Back, Les; Solomos, John (Hg.): Theories of Race and Racism. A Reader. New York: Routledge, 2nd Edition 2009.

Blumenbach, Johann Friedrich Blumenbach: *Über den Bildungstrieb*. Göttingen: bey Johann Christian Dieterich 1791.

Borowski, Ludwig Ernst: *Darstellung des Lebens und Charakters Immanuel Kants*. In: Immanuel Kant. Sein Leben in Darstellungen von Zeitgenossen. Die Biographien von Borowski, Bachmann und Wasianski. Darmstadt: Wissenschaftliche Buchgesellschaft 2012. Neudruck der von Felix Groß hrsg. Ausgabe von 1912.

Brandt, Reinahrd: *Kritischer Kommentar zu Kants Anthropologie in pragmatischer Hinsicht (1798)*. Hamburg: Meiner Verlag 1999.

Coreth, Emerich, Schöndorf, Harald: *Philosophie des 18. und 19. Jahrhunderts. Grundkurs Philosophie Band 8*. Stuttgart:Kohlhammer Verlag, Vierte Auflage 2008.

Eggers, Maureen Maisha: *Rassifizierte Machtdifferenz als Deutungsperspektive in der kritischen Weißseinsforschung in Deutschland*.

Eggers, Maureen Maisha; Kilomba, Garda; Piesche, Peggy (Hg.). Münster: Unrast Verlag. 2. Auflage 2009.

Eisler, Rudolf: *Kant-Lexikon. Nachschlagewerk zu Kants sämtlichen Schriften, Briefen und handschriftlichem Nachlaß*. Unveränderter Nachdruck der Ausgabe Berlin 1930. Hildesheim: Georg Olms Verlag 1984.

Farr, Arnold: *Wie Weißsein sichtbar wird. Aufklärungsrassismus und die Struktur eines rassifizierten Bewusstseins*. In: Mythen, Masken und Subjekte. Eggers, Maureen Maisha; Kilomba, Garda; Piesche, Peggy (Hg.). Münster: Unrast Verlag. 2. Auflage 2009.

Firla, Monika: *Kants Thesen vom „Nationalcharakter" der Afrikaner, seine Quellen und der nicht vorhandene ‚Zeitgeist'*. Rassismus und Kulturalismus. IWK (Institut für Wissenschaft und Kunst). 1997/3, 7-18.

Firla, Monika: *Philosophie und Ethnographie. Kants Verhältnis zu Kultur und Geschichte Afrikas*. Zeitschrift der Deutschen Morgenländischen Gesellschaft. 1994 Supplement X/XXV, S432-442. Download unter: http://menadoc.bibliothek.uni-halle.de/dmg/periodical/structure/138396

Forster Georg: *James Cook, der Entdecker und Fragmente über Capitain Cooks letzte Reise und sein Ende*. Herausgegeben und mit einem Nachwort versehen von Frank Vorpahl und mit acht Farbtafeln von Forsters eigener Hand. Frankfurt/Main: Eichborn Verlag 2008.

Fredrickson, George M.: *Rassismus. Ein historischer Abriß*. Stuttgart: Reclam Verlag 2011.

Gawlick, Günther; Kreimendahl Lothar: *Hume in der deutschen Aufklärung. Umrisse einer Rezeptionsgeschichte*. Stuttgart: Friedrich Fromann Verlag 1987.

Geier, Manfred: *Kants Welt. Eine Biographie*. Reinbek: Rowohlt Verlag 2004.

Heine, Heinrich: *Zur Geschichte der Religion und Philosophie in Deutschland.* Stuttgart: Philipp Reclam jun. 1997.

Hentges, Grudrun: *Die Erfindung der ‚Rasse' um 1800 – Klima, Säfte und Phlogiston in der Rassentheorie Immanuel Kants.* In: Tautz, Birgit. Amsterdamer Beiträge zur neueren Germanistik, Colors 1800/1900/2000: Signs of Ethnic Difference. Rodopi 2004. pp47-66

Hentges, Gudrun: *Schattenseiten der Aufklärung. Die Darstellung von Juden und „Wilden" in philosophischen Schriften des 18. und 19. Jahrhunderts.* Schwalbach/Ts.: Wochenschauverlag 1999.

Horn Christoph: *Nichtideale Normativität. Ein neuer Blick auf Kants politische Philosophie.* Berlin: Suhrkamp Verlag 2014.

Hund, Wolf D.: *Rassismus*. Bielefeld: transscript Verlag 2007.

Höffe, Otfried: *Kants Kritik der praktischen Vernunft. Eine Philosophie der Freiheit.* München: Verlag C. H. Beck 2012.

Horn, Christoph: *Nichtideale Normativität. Ein neuer Blick auf Kants politische Philosophie.* Berlin: Suhrkamp Verlag 2014.

Hume, David: *Of national Characters.* ESY Pt. 1 E. 21 Foot. 6 mp. 208 gp. 252

Irrlitz Gerd: *Kant-Handbuch. Leben und Werk.* 2. Auflage. Stuttgart: Verlag J. B. Metzler 2010.

Jachmann, Reinhold Bernhard: *Immanuel Kant geschildert in Briefen an einen Freund.* In: Immanuel Kant. Sein Leben in Darstellungen von Zeitgenossen. Die Biographien von Borowski, Bachmann und Wasianski. Darmstadt: Wissenschaftliche Buchgesellschaft 2012. Neudruck der von Felix Groß hrsg. Ausgabe von 1912.

Kappeler, Manfred: *Rassismus. Über die Genese einer europäischen Bewußtseinsform.* Frankfurt/Main: IKO-Verlag für interkulturelle Kommunikation 1994.

Klatt, Norbert: *Kleine Beiträge zur Blumenbach-Forschung.* Bd. 3. Göttingen: Norbert Klatt Verlag 2010, Download unter http://webdoc.sub.gwdg.de/ebook/mon/2012/ppn%20721147143.pdf Ein Verweis auf diese Werke findet sich auch in der Deutschen Nationalbibliothek unter https://www.deutsche-digitale-bibliothek.de/item/PDMZWEGOEFBLZVVBYBDN3ANHILSIQM6X?lang=de

Kleingeld, Pauline: *Kants Second Thoughts on Race.* In: The Philosophical Quarterly. Vol 57/229. Oxford University Press. S573-592.

Kleingeld, Pauline: *Philosophie der Politik und Politik der Philosophie bei Kant.* In: Höffe, Otfried (Hg.), *Vernunft oder Macht? Zum Verhältnis von Philosophie und Politik.* Tübingen: Narr Francke Attempot 2006. 83-93.

Kowalewski, Arnold (Hg.): *Die philosophischen Hauptvorlesungen Immanuel Kants nach den neuaufgefundenen Kollegheften des Grafen Heinrich zu Dohna-Wundlacken.* München: Georg Olms Verlagsbuchhandlung. 1924.

Larrimore, Mark: *Antinomies of race: diversity and destiny in Kant.* In: Pattern of Prejudices. Volume 42, Iss. 4-5, Routledge 2008.

Larrimore, Mark: Race, *Freedom and the Fall in Steffens and Kant.* In: Eigen, Sara; Larrimore, Mark (Hg.): *The German Invention of Race.* Albany State University of New York Press. 2006.

Larrimore, Mark: *Sublime Waste: Kant on the Destiny oft he ‚Races'.* In. Canadian Journal of Philosophy. Vol 29. Special Issue: Supplementary Volume. 25. Civilization and Oppression1991. 99-125.

Larrimore, Mark: *Substitutes for Wisdom: Kants Practial Thought and the Tradition of the Temperaments.* In: Journal of the History of Philosophy. Vol. 39/2. S 259-288.

Mills W. Charles: *Kants Untermenschen.* In: Valls, Andrew: Racism in modern Philosophy. Ithaca: Cornell University Press 2005.

Mills W. Charles: *The Racial Contract.* Ithaca: Cornell University Press 1997.

Mosse, George L. : *Die Geschichte des Rassismus in Europa.* Frankfurt/Main: Fischer Taschenbuch Verlag 2006.

Piesche, Peggy: *Der „Fortschritt" der Aufklärung - Kants „Race" und die Zentrierung des weißen Subjekts.* In: Mythen, Masken und Subjekte. Eggers, Maureen Maisha; Kilomba, Garda; Piesche, Peggy (Hg.). Münster: Unrast Verlag. 2. Auflage 2009.

Rehfus, D. Wulff (Hg.): *Handwörterbuch Philosophie.* Göttingen: Vandenhoeck & Ruprecht. 2003.

Ritter, Joachim; Gründer, Karlfried; Gabriel, Gottfried (Hg.): *Historisches Wörterbuch der Philosophie.* Basel: Schwabe Verlag. 2007.

Sandkühler, Hans Jörg: *Enzyklopädie Philosophie.* Hamburg: Meiner Verlag 2010.

Shell, Susan: *Kants Conception of a Human Race*: In: . In: Eigen, Sara; Larrimore, Mark (Hg.): The German Invention of Race. Albany: State University of New York Press. 2006.

Smidt, Wolbert G. C.: *Die philosophische Kategorie des Läppischen und die Verurteilung der Afrikaner durch Kant.* In: Stichproben. Wiener Zeitschrift für kritische Afrikastudien Nr. 6/2004, 4. Jg.

Stangneth, Bettina: *Antisemitische und Antijudaistische Motive bei Immanuel Kant? Tatsachen, Meinungen, Ursachen.* In: Gronke, Horst; Meyer, Thomas; Neißer, Barbara (Hg.): Antisemitismus bei Kant und anderen Denkern der Aufklärung. Würzburg: Verlag Königshauses & Neumann. 2001.

United Nations Human Rights:
http://www.ohchr.org/EN/NewsEvents/Pages/SlaveryInternationalDay.aspx, 19. 10.2014

Gerhardt, Volker. *Immanuel Kant. Vernunft und Leben.* Stuttgart: Reclam Verlag. 2002.

Wasianski, E. A. Ch.: *Immanuel Kant in seinen letzten Lebensjahren.* In: Immanuel Kant. Sein Leben in Darstellungen von Zeitgenossen. Die Biographien von Borowski, Bachmann und Wasianski. Darmstadt: Wissenschaftliche Buchgesellschaft 2012. Neudruck der von Felix Groß hrsg. Ausgabe von 1912.

Wimmer, Franz. M.: *Rassismus und Kulturphilosophie.* in: (Gernot Heiß u.a., Hg.) Willfährige Wissenschaft. Die Universität Wien 1938-1945 Wien: Verlag für Gesellschaftskritik, 1989, S. 89-114. siehe auch: http://sammelpunkt.philo.at:8080/1876/1/1989Rassismus.pdf., 9.

Zammito, John H.: *Policing Polygeneticism in Germany, 1775 (Kames,) Kant, and Blumenbach.* In: Eigen, Sara; Larrimore, Mark (Hg.): The German Invention of Race. Albany: State University of New York Press. 2006.

Zeidler, Kurt Walter: *Unerledigte Probleme der Vernunftkritik.* Download unter
http://sammelpunkt.philo.at:8080/1214/1/Unerledigte_Probleme_der_Vernunftkritik.pdf

Abstract

Immanuel Kant, gilt als „der" Philosoph schlechthin. Seine drei Hauptkritiken „Kritik der reinen Vernunft", „Kritik der praktischen Vernunft" und die „Kritik der Urteilskraft" gelten zum Teil heute noch als das Maß an dem Philosophen gemessen werden. Seine Impulse zum Völkerbund, die Gedanken zum Weltbürgertum sowie sein Anstoß zu den Menschenrechten werden als Meilensteine einer humaneren Gesellschaft betrachtet. Weniger beachtet werden seine naturphilosophischen, vor allem seine anthropologischen, Schriften. Hier begegnen wir einem Denker, der vor allem die Philosophen im angloamerikanischen Raum, Ende des 20. Jahrhunderts, zu verstören begann und mittlerweile auch im deutschen Sprachraum immer mehr kritisiert wird. Kant ist der Erfinder eines wissenschaftlichen Rassenbegriffs, dessen Konzept der unveränderlichen Rasse der Blutsmischung entspringt und in der Hautfarbe ihren Ausdruck findet. Die vier Hautfarben geben die Charaktere der Menschen wieder und ebenso ihre moralische und rationelle Stärke. Dieser Entwurf wird damit zum Problem für die moderne Menschheitsgeschichte. Sie steht nunmehr seiner Moralphilosophie, als auch seiner politischen Philosophie, entgegen, die bisher als unantastbar galt. Wenngleich Kant die Legitimierung der Sklaverei und die Gräueltaten des 20. Jahrhunderts nicht anzulasten sind, so ließen sich seine Lehren sehr leicht in den Dienst nehmen, wie dies die Nazis bewiesen. Diese Master-Arbeit ist die erste zusammenhängende Abhandlung, im deutschen Raum, die Kants wissenschaftliche Position durchleuchtet und auch der Frage nachgeht, wie sich das auf seine Moral- und Rechtsphilosophie auswirkt.